들었는가,
보았는가,
계시록
말씀을(1)

들었는가, 보았는가, 계시록 말씀을(1)

펴낸날 2022년 6월 17일

지 은 이 장문자
펴 낸 이 이기성
편집팀장 이윤숙
기획편집 이지희, 윤가영, 서해주
표지디자인 이지희
책임마케팅 강보현, 김성욱
펴 낸 곳 도서출판 생각나눔
출판등록 제 2018-000288호
주 소 서울 잔다리로7안길 22, 태성빌딩 3층
전 화 02-325-5100
팩 스 02-325-5101
홈페이지 www.생각나눔.kr
이 메 일 bookmain@think-book.com

• 책값은 표지 뒷면에 표기되어 있습니다.
ISBN 979-11-7048-405-9(04230)
SET ISBN 979-11-7048-404-2(04230)

"성경을 보는 지혜의 눈이 열려 믿음의 자녀들이 되어라."

들었는가, 보았는가, 계시록 말씀을(1)

장문자 지음

생각나눔

머리말

'들었는가, 보았는가, 계시록 말씀을.'

이 책을 내게 된 것은 하나님의 뜻입니다. 하나님께 감사와 영광을 올려 드립니다.

2014년 2월부터 천지창조와 계시록 말씀 전 권을 열어 주셨습니다.

이 기간을 돌아보면 그때마다 거의 철야를 하게 하시며 말씀을 여셨습니다.

너무 엄청난 말씀을 받고 대단히 혼란스러웠고, 혹시 내가 잘못된 건 아닐까 의심도 하고 걱정도 하고 물리치는 기도도 했습니다.

왜 저 같은 종에게 이 엄청난 말씀을 열어 주시는지 의아했습니다.

저는 의심이 많아서 확신이 서지 않으면 움직이지 않는 사람입니다. 오죽하면 주님이 "넌 도마야."라고 말씀하셨을 정도입니다.

주님은 믿지 못하는 저에게 저와 같은 말씀을 받은 두 분 목사님을 만나게 해 주셨습니다.

관절염으로 고생하던 제게 시골에 있는 의원에 가서 치료받게 하셨습니다. 자차로 3시간 가까이 걸리는 산속 작은 의원을 소개받았고, 조용히 진료받는 제게 불쑥 창조론을 꺼내실 때 깜짝 놀랐습니다.

저에게 주신 말씀을 이 원장 목사님도 받으셨구나, 내가 잘못 받은 게 아니구나, 확신을 심어 주시려고 나를 이곳에 보내셨구나 하는 것을 깨닫게 되었습니다.

그 후에 또 반신반의했던 저는 '다시 한 번 확신을 주세요.' 기드온처럼 기도드렸습니다. 그러자 오래전부터 알고 지낸 일본에 계신 선교사님을 통해 이번엔 계시록 말씀을 들을 수 있었을 때 친분이 있는 터라 많이도 물었습니다.

내가 잘못된 것이 아니라 하나님이 주셨다는 확신이 들었습니다.

그다음부터는 의심하지 않았습니다.

이미 주신 말씀들을 정리해 갈 때 더 깊게 열어주시는 말씀들을 정신없이 노트북에 받아 적기 시작했습니다.

기록한 후엔 이 말씀이 맞는지 주석, 여러 성경, 인터넷, 관련된 서적, 주신 말씀과 관련 있는 과학적 근거까지 샅샅이 훑기 시작했습니다.

나 혼자만 알라고 주신 말씀이 아닌 걸 알았습니다.

가슴이 터질 것 같아 전하지 않을 수 없었습니다.

2015년 교회에서 성도님들에게 전하려 할 때 어떻게 이 충격을 받아들일 것인가 고민도 많이 했습니다.

이때 강대상 밑에서 기도 중에 주님의 음성이 들렸습니다.

"나의 말은 어려운 게 아니다. 어려우면 누가 믿고 천국에 올 수 있겠느냐? 쉽게 풀어 주겠다." 그러시면서 "성경을 보는 지혜의 눈이 열려 믿음의 자녀들이 되어라." 이 말씀을 주셨을 때 날아갈 것

같았습니다.

용기를 냈습니다.

성도님들에게 전했을 때 처음엔 이해가 되지 않아서 눈이 휘둥그레졌지만, 계속 성경 말씀을 찾아보고 그동안 알고 있는 성경 지식을 대입해 보면서 말씀을 되새김질하고 또 하고, 질문하고 답하면서 나중에 엄청난 말씀들을 받아먹기 시작했던 것을 기억합니다.

그러면서 성도님들도 이해하기 어려운 말씀을 스스로 되새김질하면서 이해가 되고, 깨닫고 믿게 되기까진 꽤 시간이 걸렸습니다.

작년 2020년에 다시 한 번 말씀을 전했습니다.

새로운 성도님들도 계셨고, 들었던 성도님들도 한 번 더 듣고 싶다는 의견이 있었습니다.

외람되지만, 제가 은퇴하면 우리 성도님들이 계시록 말씀을 들을 기회가 없지 않을까, 점점 종말로 치닫고 있는데 그때 한 말씀이라도 생각이 난다면 믿음을 지키는 데 도움이 되지 않을까 해서 다시 전했습니다.

전 2021년 교회 사역을 은퇴했습니다.

제가 할 사명 다 끝났다고 생각했는데, 주님의 말씀을 다시 듣습니다.

"너에게 알려준 말씀을 세상의 내 자녀들에게 전하라. 주님 오실 때를 대비하게 하라." 참 많이도 망설이다 1년이란 기간 동안 설교

원고를 책 원고로 정리하고, 순종하는 마음으로 출판사 문을 두드렸습니다.

이 책을 쓰는 사명을 제게 주신 하나님께 감사드립니다.

끝까지 사명 감당하길 기도하면서 두 분 목사님과 물심양면으로 도움을 주신 성도님들과 기도해 주신 목사님들께 고마움을 전합니다.

이제까지 알고 있던 성경 말씀을 뒤집어엎는 말씀들이 많을 겁니다.

잘못된 책이다, 이단이다, 미리 판단하지 마시고, 저와 우리 교회 성도님들이 그랬던 것처럼 차근차근 성경 말씀을 찾아가며 비교해 보시고 하나님의 음성을 듣기를 바랍니다.

요즘 점점 주님의 다그치심을 듣습니다. 아무것도 모르는 우리는 급할 게 없는데 주님은 몹시도 조급해 하십니다.

그만큼 주님 오실 때가 임박하다는 것을 알려 주시니 무지한 저까지 덩달아 마음이 급해집니다.

깨어납시다. 잠잘 때가 아닙니다. 일어나 등불을 밝히십시다.

이 책을 보시면서 지금이 어느 때인지, 내 믿음은 어느 수준인지 점검해서 예수님 재림하실 때 준비된 자가 되시길 원합니다.

이 책을 읽는 분들 모두 들림 받기를 예수 이름으로 기도합니다.

장문자

†

들었는가, 보았는가, 계시록 말씀을 1부

목차

"성경을 보는 지혜의 눈이 열려 믿음의 자녀들이 되어라."

1

요한 계시록

"이 예언의 말씀을 읽는 자와 듣는 자와 그 가운데에 기록한 것을
지키는 자는 복이 있나니 때가 가까움이라(계1:3)"

♦ 1과는 계시록을 여는 데 필요한 성경 지식을 다뤘다.

먼저 이 책을 읽는 분들께 당부하고픈 것이 있다.

계시록은 신앙소설이나 간증집이 아니다. 따라서 재미있거나 꿈을 꾸는 듯한 문장은 처음부터 기대하지 않는 게 좋을 듯하다.

말씀이 딱딱하고 재미없더라도 끝까지 읽고 깊은 지혜를 깨달아 곧 닥칠 종말, 믿음 생활에 도움이 되시길 간절히 바란다.

♦ 계시는 '열어 보인다.' 가려졌던 것을 '열어서 보여 준다.'란 뜻이다.

사람의 지혜로는 알 수 없는 진리를 신이 가르쳐 알게 해 주거나 깨우쳐 보여 준다는 뜻이다.

계시에는 특별계시와 자연계시가 있다.

특별계시는 신구약 성경 말씀을 통한 계시이고, 자연계시는 자연 만물과 인간 역사를 통해 말씀하시는 계시다.

자연계시 중에는 시대적 상황을 통해 가려졌던 성경 말씀을 풀어 주시고, 그에 맞는 계시를 주셔서 하나님의 백성을 인도하시는 것이 시대적 상황 계시이다.

나에게 주신 요한 계시록은 성경 말씀으로 열어 주신 특별계시와 시대적 상황으로 풀어주신 계시라고 보면 이해가 쉬울 것이라 생각한다.

A. 계시록은 예수 그리스도의 계시다

1) 왜 성부, 성령 하나님의 계시가 아니라 예수 그리스도의 계시일까?

이는 말씀이 누구신가를 알면 간단하게 설명된다.

* 요1:1: "태초에 말씀이 계시니라 이 말씀이 하나님과 함께 계셨으니 이 말씀은 곧 하나님이시니라"

* 요1:14: "말씀이 육신이 되어 우리 가운데 거하시매 우리가 그의 영광을 보니 아버지의 독생자의 영광이요 은혜와 진리가 충만하더라"

* 계1:1: "예수 그리스도의 계시라 이는 하나님이 그에게 주사 반드시 속히 일어날 일들을 그 종들에게 보이시려고 그의 천사를 그 종 요한에게 보내어 알게 하신 것이라"

① 천지창조 이전에 말씀은 성부, 성령 하나님과 함께 계셨다

말씀은 성자 하나님, 즉 예수그리스도이시다. 그러므로 예수 그리스도께서는 원래 말씀이셨다.

말씀이셨던 하나님이 인간의 죄를 사하기 위해 이 세상에 태어나실 때도, 십자가에서 죽으실 때도 사람의 모습이셨다.

부활 후엔 천지창조 이전처럼 말씀 자체로 계신 것이 아니라 부활의 몸을 갖고 계신다.

② 말씀이신 성자 하나님이 말세를 사는 성도들에게 주시는 계시의 말씀이 요한 계시록이다

말씀이 육신이 되신 분이 예수님이신데 계시의 말씀을 누가 주겠는가? 당연히 예수님이 주시는 것이다.

그의 천사를 요한에게 보내서 속히 될 일을 열어 보여서 알게 하신 것이다.

❖ 지금은 감당하지 못하리라.

* 요16:12-13: “내가 아직도 너희에게 이를 것이 많으나 지금은 너희가 감당하지 못하리라, 그러나 진리의 성령이 오시면 그가 너희를 모든 진리 가운데로 인도하시리니 그가 스스로 말하지 않고 오직 들은 것을 말하며 장래 일을 너희에게 알리시리라”

예수님이 살아계실 때는 비유를 들어 말씀하셨다. 왜? 깨닫게 하시는 진리의 성령이 오시지 않았기 때문에 알려 줘도 감당할 수 없기 때문이다. 그 후 성령 받은 사도 요한의 영을 열어 장래 일을 우리에게 알려 주시는 것이다.

③ 무엇을 위해 속히 될 일을 요한에게 알려 주셨을까?

주의 종들에게 보이시려고 요한에게 알려 주셨다. 종들에게 속히 될 일을 열어 주실 때 성도들에게 전할 수 있고, 말씀을 들은 성도들이 마지막 때를 준비할 수 있기 때문에 요한을 통해 열어 주셨다.

계시의 말씀을 열지 않으신 채 종말이 와도 우린 할 말이 없지만, 하나님은 한 생명이라도 더 구원시키시려고 계시를 열어 주셨다.

하나님의 크신 사랑이시다.

2) 사도 요한이 본 것, 지금 있는 일, 장차 될 일을 환상으로 보여 주셨고, 보여 주신 것을 기록하게 하셨다

* 계1:19: "그러므로 네가 본 것과 지금 있는 일과 장차 될 일을 기록하라"

① "네가 본 것을 다 기록하라"

하나님께서 필요한 것을 전부 예수님께 주시고, 예수그리스도께서는 요한에게 다 주셨다. 또한, 요한은 자기가 받은 것을 계시록에 다 기록하였다.

후대에 예수 믿는 자들이 요한이 쓴 계시록 말씀을 보고 믿고 행할 때 하나님의 능력을 요한에게 주신 것처럼 주시기 위함이다.

그러므로 이 계시는 지구상에 있는 모든 교회와 성도에게 승리를 위한 계시의 말씀으로 주신 것이다.

죄 가운데 있는 자를 건져내어 하늘나라 백성 되게 하기 위한 계시다.

이는 말세를 사는 우리 모두에게 주신 계시다.

② 환상의 배경

* 계1:9-10: "나 요한은 너희 형제요 예수의 환난과 나라와 참음에 동참하는 자라 하나님의 말씀과 예수를 증언하셨음으로 말미암아 밧모라 하는 섬에 있었더니, 주의 날에 내가 성령에 감동되어 내 뒤에서 나는 나팔 소리 같은 큰 음성을 들으니"

계시록을 쓸 당시 시대적 상황을 보면 기득권 세력의 핍박과 로마 제국으로부터 기독교 탄압을 받아 도망자의 삶을 살거나 붙잡혀 유배되기도 했고, 수많은 순교자가 순교했던 시대였다.

❖ 사도 요한이 밧모섬에 잡혀가 강제노역을 했다.

'예수의 환난과 나라와 참음에 동참하는 자로 예수를 증언'하였기 때문이다.

사도 요한이 잡혀 강제 노역을 한 이유는 예수를 증언했기 때문이다.

요한 자신은 더한 고통을 겪으면서도 성도들을 위로하고 격려하며 믿음의 끈을 놓지 말 것을 당부하고 있다.

참고 인내하자, 죽더라도 주의 나라에 대한 소망을 잃지 말자고 피 터지게 전하는 것이다.

우리도 주의 일을 끝까지 이어갈 때 그것이 주의 일에 동참하는 것이다. 이런 자에게 주시는 상급은 하나님 나라를 소유하는 것이다.

요한처럼 하나님의 말씀을 전파하고 예수를 증언하는 전도자가 되어 주님의 위로를 받는 자가 되길 바란다.

❖ 요한이 성령에 감동된 날은 주의 날이다.

사도 요한은 밧모섬에 유배되었다. 이 섬은 광산으로 주로 정치범들이 수용되었고, 이곳에서 강제 노동을 하며 계시록을 썼다.

계시록을 열어 주신 날은 주님의 날 '주일'이었다.

예수 그리스도의 계시, 예수님의 말씀이니 예수님의 날, 주일에 열어 주신 것은 너무나 당연하다.

③ 환상의 내용을 기록해 일곱 교회에 보내라

* 계1:11, 19: "이르되 네가 보는 것을 두루마리에 써서 에베소 서머나 버가모 두아디라 사데 빌라델비아 라오디게아 등 일곱 교회에 보내라 하시기로, (19) 그러므로 네가 본 것과 지금 있는 일과 장차 될 일을 기록하라"

요한은 본 것을 두루마리에 써서 일곱 교회에 보냈다.

에베소, 서머나, 버가모, 두아디라, 사데, 빌라델비아, 라오디게아 등 일곱 교회는 신약시대의 모든 교회를 대표한다.

무엇을 보낼까? 네가 본 것과 지금 있는 일과 장차 될 일을 기록한 예수 그리스도의 계시의 말씀을 보내라.

④ 요한이 본 예수 그리스도

* 계1:12-20: "몸을 돌이켜 나에게 말한 음성을 알아보려고 돌이킬 때에

일곱 금 촛대를 보았는데, 촛대 사이에 인자 같은 이가 발에 끌리는 옷을 입고 가슴에 금띠를 띠고, 그의 머리와 털의 희기가 흰 양털 같고 눈 같으며 그의 눈은 불꽃 같고, 그의 발은 풀무 불에 단련한 빛난 주석 같고 그의 음성은 많은 물소리와 같으며, 그의 오른손에 일곱별이 있고 그의 입에서 좌우에 날 선 검이 나오고 그 얼굴은 해가 힘 있게 비치는 것 같더라, 내가 볼 때에 그의 발 앞에 엎드려져 죽은 자같이 되매 그가 오른손을 내게 얹고 이르시되 두려워하지 말라 나는 처음이요 마지막이니, 곧 살아있는 자라 내가 전에 죽었었노라 이제 세세토록 살아있어 사망과 음부의 열쇠를 가졌노니, 그러므로 네가 본 것과 지금 있는 일과 장차 될 일을 기록하라, 네가 본 것은 내 오른손의 일곱별의 비밀과 또 일곱 금 촛대라 일곱별은 일곱 교회의 사자요 일곱 촛대는 일곱 교회니라"

요한이 큰 음성이 들리는 곳으로 몸을 돌려 봤더니 금 촛대 사이에 주님의 모습이 보였다.

그리고 "일곱별은 일곱 교회 사자요, 일곱 촛대는 일곱 교회니라" 주님이 말씀하신다.

일곱 교회의 주의 종과 교회를 통해 천국비밀, 종말에 될 말씀이 전 세계 종들과 성도들에게 전파될 것을 말씀하심이다.

B. 종말에 대한 개념(종말은 마지막이란 헬라어에서 유래)

1) 종말은 반드시 온다, 그 이유는

① 하나님은 틀린 적이 없으시고, 거짓말하는 분도 아니시기 때문이다.

② 하나님의 말씀은 일점일획까지도 다 이루시는 분이시기 때문이다.

③ 알파와 오메가, 처음과 나중이신 하나님이시기 때문이다.

④ 종말은 신구약 할 것 없이 성경 곳곳에서 말씀하시기 때문이다.

⑤ 구약의 선지자들, 예수님, 예수님의 제자들, 그 후 수많은 주의 종들이 한결같이 종말을 증언하고 있기 때문이다.

⑥ 하나님께서 정하신 때, 연월일시가 되면 종말은 온다. 하나님께서 그 기한을 이때로 정할까, 저 때로 정할까 무한정 고무줄처럼 늘리는 것이 아니라 정하신 연월일시가 있다. 그때가 되면 종말이 온다.

⑦ 더디다고 생각되더라도 기다리라.

⑧ 결코 거짓되거나 지체되지 않고 반드시 오리라. 반드시 온다고 거듭 거듭 말씀하시기 때문에 종말은 반드시 온다.

2) 교회에서 종말에 대한 계시록을 열지 못하는 이유

① 사탄의 계략 때문에 계시록을 열지 못했다

우리나라는 기독교가 들어오면서부터 말세 신앙을 가졌었다. 1970년대~1990년대로 들어오면서 말세를 전하고 재림을 전하는 이들이 이단에 빠져 사회문제가 되었다(다미선교회는 충격을 주었다).

그 후 말세니, 종말이니 이런 말씀은 교회에서 쑥 들어가 버렸다.

이것이 성도들의 눈과 귀를 막고, 목회자의 입을 막는 사탄의 치밀한 계략이었다.

② 두려움 때문에 계시록을 열지 못했다

* 계22:18-19: "내가 이 두루마리의 예언의 말씀을 듣는 모든 사람에게 증언하노니 만일 누구든지 이것들 외에 더하면 하나님이 이 두루마리에 기록된 재앙들을 그에게 더하실 것이요, 만일 누구든지 이 두루마리의 예언의 말씀에서 제하여 버리면 하나님이 이 두루마리에 기록된 생명나무와 및 거룩한 성에 참여함을 제하여 버리시리라"

계시록에 기록된 말씀을 임의대로 더하거나 빼고 전하는 자에게는 재앙이 오는데 어떤 재앙이냐면 두루마리에 기록된 재앙을 받을 뿐 아니라 생명나무와 거룩한 성에 참여하지 못하는 재앙이다.

이 말씀에 묶여 목회자들이 감히 계시록을 열려는 엄두를 내지 못했다. 잘못 전하면 이단으로 찍힐 것과 하나님께 버림받을 것이 두려워 입을 열지 못했다.

그럼에도 계시록 말씀을 누군가 과감하게 전하면 이단이라고 색안경을 쓰고 볼 뿐 아니라 아예 이단으로 낙인찍어 버렸던 것이 사실이다.

그러다 보니 교회에서는 종말에 관한 계시록 설교나 종말에 대한 찬양을 듣고 부를 수 있는 기회조차 점점 사라졌다.

말세를 사는 성도에게는 이 말씀이 꼭 필요하고 반드시 알아야 하지만, 들을 기회조차 없었다. 기회가 없으니 사모하지도 않게 되었다.

이런저런 이유로 계시록을 덮어 놓고 있다 보니 말세에 있을 일들에 대해 목회자든 성도든 잘 알지 못하는 것이 현실이다.

요즘 목사님들이 전하는 말세는 계시록 한두 구절을 설교 본문에 삽입해 전할 뿐, 직접적인 계시록 말씀을 전하는 일은 극히 드물다고 본다. 지금도 교회에서는 곧 닥칠 일들에 대해 성도들이 듣고 준비할 수 있도록 계시록 말씀을 풀어 전하지 않고 있다는 것이 안타깝다.

세상 끝까지 복음이 전파되어야 주님이 오시는데 아직은 아니라면서 눈 가리고 아웅 하듯이 현실을 외면하고 있다.

준비해도 부족할 판에 성도들이 무방비 상태로 믿음 생활하고 있는 게 현실이다.

3) 이단들이 우후죽순 나오기 시작했다

❖ 이단과 사이비 종교의 차이

이단이란 처음엔 정통교회 교리로 시작했다가 점점 정통을 벗어나서 결국 끝이 다른 것이다.

사이비란 정통교회 이름만 빌린 별개의 종교, 이름은 누가 봐도 기독교지만 전혀 다른 종교다.

이단과 사이비 종교 집단은 쉽게 구분되지 않는다는 점이 있다.

굳이 구분하려 하지 않아도 이단이나 사이비는 둘 다 잘못된 종교라는 것을 알면 정리하는 데 도움이 되리라 생각한다.

① 기존 교회에서 이런저런 이유로 계시록 말씀을 접어두고 있을 때, 이단들이 종말론을 들고 나왔고, 사이비 종교는 기독교를 빙자해 교주 입맛에 맞는 종교로 성도들을 미혹했다

이들은 성도들의 알 권리, 성경의 궁금증을 이용하고 악용했다.

교회 생활에 열심이던 성도들은 궁금했던 말세론에 빠져 이단으로 수없이 넘어갔다.

종말론에 미혹된 교인들은 삯군 목자에 의해 영이 피폐해졌고, 재산을 빼앗기고 무일푼이 되기 일쑤다.

가정이 파탄되고 노동력까지 착취당해도 그런 삶이 희생과 순교적 삶이라 생각하고 죽음까지도 불사하는 것을 본다.

② 새로운 이단들이 우후죽순으로 나왔다

이제 이단이나 사이비는 어떤 단체든지 몸집이 크고 비대해졌다.

가정집 문을 두드리다 이젠 기존 교회를 집어삼킬 듯이 당당하게 거리로 나와 교회를 상대로 하고 있다.

그만큼 그들의 재정이나 크기, 교인 수, 어느 것 하나 꿀릴 게 없어지자 오히려 당당해졌다.

성도들이 이단으로 빠져나간 교회는 수두룩하다.

이단의 주장이 왜 틀렸는지 종말에 있을 일들을 가르치고 확신을 심어 주지 않으면 언제든 이단에 또 넘어갈 수 있는 성도들이 나올 것이다.

예수님 재림하시는 순간에도 사람들은 자신이 하던 대로 할 것이라 말씀하신다. 먹고 마시고, 시집·장가가고, 이단과 사이비에 빠진 자는 빠진 채로 주님 오심을 볼 것이라 말씀하신다.

③ 이단보다 더 큰 문제가 있다

우리가 살고 있는 이 시대는 대단히 중요하다.

WCC, WEA, '종교는 하나다.'라는 주의로 정통교회들이 단체로 타락의 길을 가고 있다.

프리메이슨과 일루미나티는 세계 종교 통합을 꿈꾼다.

이들이 내세우는 목표는 세계는 하나, 우리는 하나를 외친다.

종교 간 분열, 증오, 편협에 저항하는 것이 목표다.

세계적으로 다양한 종교 지도자들이 모여 모든 사람이 종교를 넘어 화합할 것을 지향하는 것이다.

* 행4:12: "다른 이로서는 구원을 받을 수 없나니 천하 사람 중에 구원을 받을만한 다른 이름을 우리에게 주신 일이 없음이라 하였더라"

* 요14:6: "예수께서 이르시되 내가 곧 길이요 진리요 생명이니 나로 말

미암지 않고는 아버지께로 올 자가 없느니라"

죽으면 죽으리라 말씀만을 따라가지 않으면 내 앞에 어떤 일이 있을지 알 수 없는 무서운 세상이 전개될 것이다.

④ 우리나라의 WCC(종교 다원주의) **활동상**(인터넷 발취)

WCC는 세계적으로 활동하고 있고 우리나라에서도 활발하게 활동 중이며, 알만한 목사님들과 교회들이 참여하고 있다.

한국교회 약 97%가 WCC나 WEA에 가입돼 있다.

'종교는 하나다.'를 외치는 세계 종교 지도자들이 하나가 되어 성전이 세워지고, 각국의 지도자들이 모이면 그땐 가망 없다.

이제 얼마 지나지 않아서 예수만이 구원이다, 예수 믿어야 천국 간다 하면 법에 저촉될 날도 멀지 않다. 왜? 모든 종교는 하나이기 때문이다.

어떤 종교를 믿어도 다 구원이 있고, 다 천국에 갈 수 있고, 다 같은 신께로 연결된다고 종교 지도자들이 결정을 내리고 합의문에 서명하고 실행하면 반대하는 종교나 지도자는 종교법을 어기는 것이 된다.

이렇게 영적으로 암울한 시대에 우리가 살고 있다.

"돌다리도 두드려보고 건너라"는 말이 있듯이 사람을 믿지 말고 하나님 말씀만 믿고, 사람 예수, 사람 하나님 따라가지 말고 하나님 우편에 계신 예수님만 따라가면 실패가 없을 것이다.

4) 일부 목사님들이 푸는 말세론

① 유명한 목사님들의 계시록 강의를 들어봐도 제각각이다

이름만 대면 알만한 대형교회 목사님들이 앞다투어 계시록 강의를 방송을 통해 내보낸 적이 있었다.

상징적인 말씀으로 푸는 목사님도 계셨고, 시대적 상황으로 푸는 목사님도 계셨다.

또 다른 목사님들은 계시록 내용과는 거리가 있는 말씀, 즉 예수를 잘 믿으라는 믿음의 문제로 푸셨다.

앞으로 우리가 겪게 될 일들과는 무관하게 계시록 말씀을 전하는 것을 들었다.

내가 아는 목사님은 계시록을 어렵고 무섭게만 생각했는데 말씀을 들으니 겁낼 것 없다는 식으로 받아들였다.

목사님이 방송 보고 그렇게 생각했다면 성도들은 어떻겠는가?

확실하게 알아야 할 것은 하나님은 농담하시거나 거짓말하시는 분이 아니시다. 말씀대로 반드시 속히 될 일임을 알아야 한다.

예수님이 거짓말하시겠는가….

② 시중에 나와 있는 종말에 관한 책들

주석이나 종말에 관한 책을 봐도 누가 이런 주장을 했다는 등 인용해서 학문적으로 풀어놨을 뿐이다.

또 기독교인들이 볼 수 있는 계시록에 관한 책은 생각 외로 많지 않다. 시중에 나와 있는 몇몇 분들의 책도 대부분 상징적으로 풀고 시대적으로 풀어놨다.

거의 세계경제, 정치, 돈의 흐름, 시대적 배경, 특히 666 칩으로 두려움만 증폭시켰다.

마치 계시록 말씀에 맞춘 것이 아니라 666에 끼워 맞춘 계시록처럼 되어 있지 않나 하는 의구심마저 든다.

그래서 '어쩌라구, 어떻게 하라구?' 하는 질문을 하고 싶게 한다.

계시록 하면 언제부턴가 666이 계시록의 정석처럼 되어 버렸다.

내가 어릴 때, 컴퓨터가 뭔지도 모를 때 부흥 강사님이 전하시는 상상 속에서 666의 무서움을 봤었다.

유럽이 통폐합되었을 때 다니엘서 내용으로 무시무시한 말씀들이 쏟아져 나왔었다. 한때는 바코드가 666이라 했고, 카드도 666이라고 쓰지 말라 했다.

그러나 지금 어찌 되었는가?

경각심을 주는 것은 좋으나 666의 무서움만을 부각시켜 놓았다.

책 내용의 대다수는 유수와 같이 빠르게 지나가는 엄청난 과학과 문명의 흐름 속에서 수정을 수없이 반복해야 했다.

그래서 그 책들은 보완하고 또다시 수정작업을 거쳐 시중에 내놓는 것을 본다.

지금도 종말에 관해 쓴 책들을 보면 세계 정치, 경제, 돈의 흐름에 주목하여 쌀알만한 666 칩과 접목시켜 말하고 있다.

이 시대를 살아가는 성도들이 어떻게 살아야 할지에 대한 답은 없다.

무섭고 두려움만을 전함으로 산속으로 들어가 운둔 생활과 자급자족하며 집단생활을 하는 자들이 많아졌다.

그러다 이단에 먹혀 버린 자들은 셀 수 없이 많다.

5) 나에게 주신 계시록

나에게 주신 계시록은, 계시록 어느 한 부분만이 아니라 전체를 보게 하셨고, 주님이 직접 풀어 주셨다.

풀어 주시는 것을 열심히 받아 쓰고 난 후 확인해 보고자 주석을 비롯해 여러 성경 서적을 보고 인터넷도 참고했다. 이해되지 않는 부분을 붙잡고 기도하고 묵상했다. 또 성경 말씀이 과학과 동떨어지지 않았다는 것을 확인시켜 드리고자 노력했다.

나와 같은 맥락의 말씀을 받은 목사님께 묻기도 했다.

하지만 두려운 것은 내가 전하는 말씀이 다 옳다고는 할 수 없다.

계시의 말씀이기 때문에 주신 것을 잘못 풀 수도 있기 때문이다.

단지 지금까지 깨닫게 하시고 알려 주신 것을 풀어 전하라 하시니 전할 뿐이다.

시대를 분별하라 말씀하셨으니 계시록 말씀 전체를 뼈대로 삼고 세상 돌아가는 것을 주시하면서 말세에 믿음 생활 잘할 수 있는 힘을 키우시길 바란다.

이 말씀을 전하고 난 후 내가 잘못 전했다는 것을 깨닫게 하시면 그때는 바로 정정할 것을 약속한다.

알 수 없는 부분은 억지로 풀지 않고 주께서 보여 주시고 풀어 주신 만큼만 전할 것을 약속한다.

원하건대 이 책이 깨어 준비하는 데 도움이 되는 책이 되길 소망한다.

C. 말세의 정의

1) 말세는 언제부터 언제까지일까?

* 벧후3:3-4: “먼저 이것을 알지니 말세에 조롱하는 자들이 와서 자기의 정욕을 따라 행하며 조롱하며, 이르되 주께서 강림하신다는 약속이 어디 있느냐 조상들이 잔 후로부터 만물이 창조된 때와 같이 그냥 있다 하니”

① 말세에 대한 말들이 많다. 이천 년 전이나 지금이나 사람들은 동일한 질문을 한다. 도대체 말세가 언제냐고…

말세라 말 한지가 언젠데 아직도 말세냐고 조롱한다.

옛날이나 지금이나 한결같이 말세란 말을 하지만 종말은 아직도 오지 않았다고. 그래서 말세라 해도 믿지 않고 대수롭지 않게 넘긴다.

롯의 때나 노아 때와 같이 믿지 않는다.

예수 믿는 자들도 종말이 온다는 것을 믿지 않거나 그 심각성을 모르는 사람들이 많다.

또 믿는다 해도 내 때에는 오지 않을 거라고 생각한다.

말세의 정의는 예수 그리스도께서 이 세상에 처음 오셨을 때, 그때부터 말세는 시작된다.

예수님 초림 때부터 시작된 말세는 예수님 재림 때까지가 말세다.

② 말세는 3등분 해서 초기 중기 말기로 나눈다

말세 초기는 예수님이 세상에 태어나시면서부터 시작된다.

말세 중기는 예수님이 부활 승천하시고 수많은 크리스천인 성령을 받고 복음을 전하기 위해 목숨까지 버리던 시대를 말한다(2천년이 넘도록 쭉~말세). 이방인 구원시대다.

말세 말기는 성경에 말씀하시는 말세의 징조가 본격적으로 나타나는 시대를 말한다. 세상의 문이 곧 닫히게 될 종말이 코앞에 와 있는 시대, 바로 지금 이 시대다.

③ 예수님이 말세 사역 테이프를 끊으셨다

가나의 혼인 잔치에서 예수님이 무슨 말씀을 하셨는지 살펴보자.

* 요2:4: "예수께서 이르시되 여자여 나와 무슨 상관이 있나이까 내 때가 아직 이르지 아니하였나이다"

이때는 어느 때인가? 예수님의 때가 아직 이르지 아니한 때. 가나의 혼인잔치가 있었던 때는 예수님이 세례를 받으시고 나사렛 육신의 부모 집에서 하나님의 일을 조용히 준비하고 계실 때다.

언제부터 예수님의 때가 이른 것일까? 세례요한이 잡힌 후다.

* 마4:12-13: "예수께서 요한의 잡혔음을 들으시고 갈릴리로 물러가셨다가 나사렛을 떠나 스블론과 납달리 지경 해변에 있는 가버나움에 가서 사시니"

세례요한이 잡혀 순교 당할 것을 예수님은 아셨다.

바통 터치될 때까지 기다리신 것이다.

❖ 요한이 사명을 마치고 순교했다.

* 마14:5-8: "헤롯이 요한을 죽이려 하되 무리가 그를 선지자로 여기므로 그들을 두려워하더니, 마침 헤롯의 생일이 되어 헤로디아의 딸이 연석 가운데서 춤을 추어 헤롯을 기쁘게 하니, 헤롯이 맹세로 그에게 무엇이든지 달라는 대로 주겠다고 약속하였거늘, 그가 제 어머니의 시킴을 듣고 이르되 세례요한의 머리를 소반에 얹어 여기서 내게 주소서 하니"

* 마4:17: "이때부터 예수께서 비로소 전파하여 이르시되 회개하라 천국이 가까이 왔느니라 하시더라"

이렇게 세례요한은 사명을 마쳤고, 예수님의 공생애는 시작되셨다.

그러므로 말세는 예수 그리스도께서 이 땅에 태어나시면서 시작되었고, 예수님의 사역은 "회개하라 천국이 가까이 왔느니라" 이 말씀을 선포하시면서 말세 초기 사역이 시작된 것이다.

④ 예수님이 땅끝까지 복음을 전파하셨다

예수님이 언제 땅끝까지 복음을 전파했냐고 묻는다면 예수님이 전하신 천국 복음을 듣고 주의 종들이 점점 더 멀리 나가서 땅끝까지 예수님의 말씀이 전파된 것을 말한다.

이들은 자기 생각이나 자신의 사상과 뜻을 멀리 이방 나라로 가서 전한 것이 아니다.

예수님은 승천하셨지만 예수님의 말씀만을 널리 전했던 것이다.

결국, 사람이 전하지만 누구의 말? 예수님의 말씀을 대변한 것 뿐이다. 따라서 예수님이 땅끝까지 복음을 전파하신 것이다.

그러므로 말세는 이천 년 전부터 있어 온 일이고, 지금까지 말세다.

2) 제자들이 묻는다, 세상 끝에는 무슨 징조가 있나이까?

① 가짜가 판치는 시대가 세상 끝에 오는 말세의 징조다

* 마24:3-5: "예수께서 감람산 위에 앉으셨을 때에 제자들이 조용히 와서 이르되 우리에게 이르소서 어느 때에 이런 일이 있겠사오며 또 주의 임하심과 세상 끝에는 무슨 징조가 있사오리이까, 예수께서 대답하여 이르시되 너희가 사람의 미혹을 받지 않도록 주의하라, 많은 사람이 내 이름으로 와서 이르되 나는 그리스도라 하여 많은 사람을 미혹하리라"

사람의 미혹을 받지 않도록 주의하라. 미혹은 무엇에 홀려 정신을 차리지 못하는 것, 갈팡질팡하는 것을 말한다.

❖ 지금처럼 거짓 선지자가 많았던 때는 없었다.

미혹의 영이 판을 치고 이단, 사이비, 가짜 하나님, 가짜 예수, 가짜 보혜사, 가짜 선지자가 우후죽순 출현하는 시대가 말세다.

자신이 신이라 말하는 자들이 많이 나오는 시대가 말세다.

거짓 선지자들은 처음엔 예수 이름으로 시작하다가 교세가 커지면 자기가 교주가 되어 맘대로 예수가 되고, 하나님이 된다.

영 분별이 안 되면 잘 믿던 사람이 하루아침에 이단에 빠지게 된다.

가짜들은 영혼 사냥꾼이 되어 믿는 자들을 미혹해서 그들의 영혼을 지옥 끝까지 끌고 간다.

우리나라만 해도 수많은 자가 미혹 당해 이단과 사이비를 쫓아갔다.

이런 때가 오면 말세 중에서도 마지막을 치닫고 있구나 생각하고 정신 똑바로 차려야 한다.

❖ 스스로 미혹된다.

무언가에 홀리듯 정신을 차릴 수 없게 하는 것은 그것이 무엇이든 조심해야 한다. 진리는 그렇게 달콤하지도, 자극적이지도 않다.

믿음 안에서 냉정함을 찾아야 미혹되지 않는다.

미혹되면 늪처럼 죽는 길로 빠져들고 만다.

② 난리와 난리 소문이 끊이지 않는 시대가 말세의 징조다

* 마24:6: "난리와 난리 소문을 듣겠으나 너희는 삼가 두려워하지 말라 이런 일이 있어야 하되 아직 끝은 아니니라"

난리와 난리, 즉 전쟁 소문이 끊임없이 들리고 소문만이 아니라 실제로 전쟁으로 두렵기까지 하다. 하지만 이런 일들은 마지막 때 당연히 있어야 할 징조일 뿐 세상 종말은 아직 아니라 말씀하신다.

단지 세상이 끝나기 직전에 있는 재난일 뿐이다.

말세 중 끄트머리 말세에 오는 현상들이다.

왜 이런 현상이 일어날까? 믿는 자들을 위해 주시는 현상들이다.

깨어 준비하라고 알려 주시는 징조들이다.

언제 어느 시는 알려 주지 않으셨지만 깨어 있는 자는 징조를 보고 준비할 수 있는 시간을 주시기 위함이다.

③ 민족이 민족을 나라가 나라를 대적하여 일어나는 시대다

* 마24:7-8: "민족이 민족을 나라가 나라를 대적하여 일어나겠고 곳곳에 기근과 지진이 있으리니, 이 모든 것은 재난의 시작이니라"

민족과 민족이 이념 때문에 싸운다. 남과 북이 민족끼리 싸운다.

이념이란 생각이나 견해, 추구하는 가치, 준수할 규범을 말한다.

나라 안에서의 내란, 조직과 권력과 정권을 잡으려는 싸움은 어느 시대나 있었지만, 죽음도 불사하는 시대가 말세의 징조다.

국가 간 득과 실에 의한 전쟁 소식이 늘 있고, 선진국, 후진국 할 것 없이 나라 안과 밖, 어디서나 전쟁이 일어나고, 죽고 죽이는 소식이 끊이질 않는 시대가 말세의 징조다.

싸우다 죽는 자와 기근에 굶어 죽는 자가 끊이지 않고 나오는 시대가 말세의 징조다.

지진, 해일, 화산, 태풍, 천재지변, 바이러스, 수많은 사람이 죽는 시대가 말세의 징조다.

점점 끝을 행해 갈수록 곳곳에서 전쟁과 기근과 자연재해와 알 수 없는 병이 더 많아질 것이다.

④ 사람들은 교만하고 자기만 사랑하고 여러 가지 욕심에 절제가 안 되는 시대가 말세의 징조다

돈을 목숨보다 사랑하는 시대가 말세의 징조다.

교만하고 보이는 대로 판단하고 비난하는 시대가 말세의 징조다(자기만 잘났다고 하는 시대).

감사를 모르고 거룩하지 않고 인정이 없고(무정), 화나면 풀지 않고 사람을 죽이기까지 하는 시대가 말세의 징조다(묻지 마 살인, 부모, 자식, 연인도 죽임).

남을 모함하고 무엇이든 절제하지 못하고 사람을 죽이기까지 하는 시대가 말세의 징조다. 말 붙이기가 무서울 만큼 사납고 악을 좋아하는 시대가 말세의 징조다. (드라마 시청률: 악하면 악할수록 시청률이 올라간다.)

남을 함정에 빠뜨리고 그 자리를 차지하는 시대가 말세의 징조다.

배신을 밥 먹듯 한다. 오늘은 동지, 내일은 적이 되는 세상이 말세의 징조다.

정욕을 따라 동물적인 삶을 사는 시대이며, 끝도 없이 공부하지만 끝내 원하는 지식에 도달할 수 없고 원하는 삶을 살 수도 없는 시대가 말세의 징조다.

⑤ 성령 없는 교인들이 교회에서 판치는 시대가 말세의 징조다

* 유17-19: "사랑하는 자들아 너희는 우리 주 예수 그리스도의 사도들이 미리 한 말을 기억하라, 그들이 너희에게 말하기를 마지막 때에 자기의 경건하지 않은 정욕대로 행하며 조롱하는 자들이 있으리라 하였나니, 이 사람들은 분열을 일으키는 자며 육에 속한 자며 성령이 없는 자니라"

화인 맞은 자처럼 말씀을 들어도 말씀을 부정하고 믿지 않는 시대가 말세의 징조다.

믿는 자도 자기 사랑하기를 하나님보다 더 사랑하는 시대가 말세다.

경건한 모양은 갖추고 있지만, 경건의 능력은 없는 시대가 말세다.

성도들이 말씀대로가 아니라 자신의 정욕대로, 자기의 이익과 자기의 생각대로 사는 시대가 말세의 징조다.

모양만 교인인 교인들이 교회를 움직이는 시대가 말세의 징조다.

그러므로 교회 내에서도 크고 작은 분열이 계속 일어나는 시대다.

자기 마음대로 교회가 움직여지지 않으면 파를 나누고 교회를 쑥대밭으로 만들고, 이 교회에서 저 교회로 이동하는 시대가 말세의 징조다.

⑥ 교인들이 교회를 박차고 나가 이리 밥이 되는 시대가 말세의 징조다

* 요일2:19: "그들이 우리에게서 나갔으나 우리에게 속하지 아니하였나

니 만일 우리에게 속하였더라면 우리와 함께 거하였으려니와 그들이 나간 것은 다 우리에게 속하지 아니함을 나타내려 함이니라"

처음에는 그들도 정상적인 교회에 속한 자들이었지만, 교회 밖으로 나가서 예수 안에 속하지 않은 자들이 많이 나오는 시대다.

예수 믿는 자 중에서 이단이 되고 거짓 하나님과 거짓 예수가 배출되는 것이다. 대환난이 임박한 시대가 바로 이런 시대이다.

⑦ 예루살렘 성전을 보고 알라

* 눅21:5-11: "어떤 사람들이 성전을 가리켜 그 아름다운 돌과 헌물로 꾸민 것을 말하매 예수께서 이르시되, 너희 보는 이것들이 날이 이르면 돌 하나도 돌 위에 남지 않고 다 무너뜨려지리라, 그들이 물어 이르되 선생님이여 그러면 어느 때에 이런 일이 있겠사오며 이런 일이 일어나려 할 때에 무슨 징조가 있사오리이까, 이르시되 미혹을 받지 않도록 주의하라 많은 사람이 내 이름으로 와서 이르되 내가 그라 하매 때가 가까이 왔다 하겠으나 그들을 따르지 말라, 난리와 난리 소문을 들을 때에 두려워하지 말라 이 일이 먼저 있어야 하되 끝은 곧 되지 아니하리라"

마지막 때가 되면 예루살렘 성전은 돌 하나도 돌 위에 남지 않고 다 무너지리라. 예루살렘 성전이 완전히 파괴됐다.

그러나 예루살렘 성전 파괴는 이천 년 전 일이다.

지금은 예루살렘 성전이 있던 자리에 이슬람 성지, 황금 돔이 들어서 있다.

이천 년 전 예루살렘 성전이 무너졌듯이 마지막 때는 수많은 교회가 무너져 흔적도 남지 않게 되고, 그 자리에 우상의 건물들이 들어설 것이다.

이는 수많은 교회 건물뿐 아니라 수많은 교인도 흔적도 없이 무너지고 사라질 것을 두려워해야 한다.

⑧ "이 모든 것은 재난의 시작이니라"

말세의 시작이라 말씀하지 않으시고 재난의 시작이라 말씀하셨다.

왜? 말세는 이미 시작된 지 오래되었기 때문이다.

재난의 시작이라는 말씀은 말세 중에서 말기에 오는 재난, 이런 일들이 밀려올 때가 마지막 때라는 것을 말씀하심이다.

예수님 시대부터 시작된 말세의 징조는 우리가 살고 있는 이 시대에는 점점 더 크고 두렵게 나타나고 있다.

3) 은혜 시대의 끄트머리가 우리가 살고 있는 이 시대다

① 마24장 말씀이 일어나는 때가 지금 이 시대다

* 마24:32-36: "무화과나무의 비유를 배우라 그 가지가 연하여지고 잎사귀를 내면 여름이 가까운 줄을 아나니, 이와 같이 너희도 이 모든 일을 보거든 인자가 가까이 곧 문 앞에 이른 줄 알라, 내가 진실로 너희에게 말하노니 이 시대가 지나가기 전에 이 일이 다 일어나리라, 천지는 없어질지언정 내 말은 없어지지 아니하리라"

자연계시를 통해 알라는 말씀이다.

매년 달라지는 시대적 변화를 주의 깊게 보고 때를 분별하라.

분별하지 못하면 물어도 아는 자가 없다.

만약 언제, 몇 년, 몇 월, 몇 시를 안다는 사람이 있다면 그는 이단이거나 사이비다.

하늘과 땅에 아는 자라고는 오직 하나님 아버지 한 분뿐이시다.

하나님께 묻는다고 알려 주시겠는가? 아들에게도 침묵하시는데.

그 시대를 아는 법을 예수님은 이렇게 말씀해 주셨다.

"이미 시작되었으니 지혜로서 시대를 보고 때를 알라." 이렇게 주님은 말씀하신다. 말씀보다 앞서가는 자를 주의하라.

믿는 자들이여, 일어나 준비합시다.

2

하늘예배, 첫째인~넷째인

♦ **일곱 교회에 대해서**

계시록 말씀은 거의 순서대로 이루어지는 것을 알 수 있다.

따라서 원래 성경 순서대로라면 일곱 교회 차례다. 이 부분에 대해 잠깐 언급하고 가야 할 것 같다.

책 앞부분부터 밋밋하고 지루하게 느낄 수도 있을 것 같아서 책 마지막 쪽으로 자리를 옮겨 전하기로 했다.

또 하나 이렇게 하는 이유는 책을 다 읽고 난 뒤 지금까지 자신은 어떤 믿음 생활을 했는지, 내 믿음 상태는 어떤지, 일곱 교회 중 어느 교회와 어느 교인의 영적 상태와 닮아 있는지를 점검하고, 잘한 것은 그대로 충성하고, 회개하고 고칠 것은 과감하게 고쳐 나가기를 바라는 마음에서다. 모두가 주께서 기뻐하시는 교회와 성도가 되길 간절히 소망하는 마음에서 뒤로 돌렸다. 이 점 양해 부탁드린다.

A. 하늘예배

* 계4:1-11: “이 일 후에 내가 보니 하늘에 열린 문이 있는데 내가 들은 바 처음에 내게 말하던 나팔 소리 같은 그 음성이 이르되 이리로 올라오라 이후에 마땅히 일어날 일들을 내가 네게 보이리라 하시더라, 내가 곧 성령에 감동 되었더니 보라 하늘에 보좌를 베풀었고 그 보좌 위에 앉으신 이가 있는데, 앉으신 이의 모양이 벽옥과 홍보석 같고 또 무지개가 있어 보좌에 둘렸는데 그 모양이 녹보석 같더라, 또 보좌에 둘려 이십사 장로들이 있고 그 보좌들 위에 이십사 장로들이 흰옷을 입고 머리에 금관을 쓰고 앉았더라, 보좌로부터 번개와 음성과 우렛소리가 나고 보좌 앞에 켠 등불 일곱이 있으니 이는 하나님의 일곱 영이라, 보좌 앞에 수정과 같은 유리바다가 있고 보좌 가운데와 보좌 주위에 네 생물이 있는데 앞뒤에 눈들이 가득하더라, 그 첫째 생물은 사자 같고 그 둘째 생물은 송아지 같고 그 셋째 생물은 얼굴이 사람 같고 그 넷째 생물은 날아가는 독수리 같은데, 네 생물은 각각 여섯 날개를 가졌고 그 안과 주위에는 눈들이 가득하더라 그들이 밤낮 쉬지 않고 이르기를 거룩하다 거룩하다 거룩하다 주 하나님 곧 전능하신 이여 전에도 계셨고 이제도 계시고 장차 오실이시라 하고, 그 생물들이 보좌에 앉으사 세세토록 살아계시는 이에게 영광과 존귀와 감사를 돌릴때에, 이십사 장로들이 보좌

에 앉으신 이 앞에 엎드려 세세토록 살아계시는 이에게 경배하고 자기의 관을 보좌 앞에 드리며 이르되, 우리주 하나님이여 영광과 존귀와 권능을 받으시는 것이 합당하오니 주께서 만물을 지으신지라 만물이 주의 뜻대로 있었고 또 지으심을 받았나이다 하더라"

① 요한이 하나님의 보좌를 보았다

앉으신 이는 하나님이셨다. 보좌에 앉으셨다는 것은 어떤 모습이든 모습이 있으시다는 말이다. 앉으신 이의 모양이 벽옥과 홍보석 같다고 말씀한다.

또 보좌를 삥 두른 것은 무지개였고, 무지개 또한 녹보석 같았다.

❖ 그럼 하나님의 모습은 보석처럼 생기셨단 말씀인가?

* 요1:18: "본래 하나님을 본 사람이 없으되 아버지 품속에 있는 독생하신 하나님이 나타내셨느니라"

* 약1:17: "온갖 좋은 은사와 온전한 선물이 다 위로부터 빛들의 아버지께로부터 내려오나니 그는 변함도 없으시고 회전하는 그림자도 없으시니라"

하나님은 보석처럼 빛나는 빛과 같은 분이시다. 모양도 없으시고, 육의 눈으로는 회전하는 그림자도 볼 수 없는 분이시다. 다만, 하나님 품속에 계신 독생자를 뵐 수 있을 뿐이다.

독생자 그분은 하나님이시지만, 사람의 모습과 같은 모습을 하고 계신다. 어린양이 하나님의 손에서 두루마리를 받으신 것을 보면 하나님은 어떤 모습이든 있으신 것 같지만, 천국에 가서야 확실하게 알 수 있을 것이다.

❖ 무지개가 보좌를 둘렀다.

하나님의 보좌를 두른 무지개는 노아 시대에 하나님과 사람 사이에 약속으로 주셨다.

* 창9:13: "내가 내 무지개를 구름 속에 두었나니 이것이 나와 세상 사이에 언약의 증거니라"

무지개가 뜨면 비가 그친다는 하나님의 약속은 지금도 지켜지고 있다.

하나님의 한 번 약속은 영원하다.

하나님은 무질서하게 일하시는 분이 아니시다. 질서의 하나님이시다

하나님은 사람과 언약을 맺고, 그 약속대로 반드시 이루어 가신다.

이 언약을 기록해 놓은 것이 성경이고, 이 성경 말씀대로 한 치의 오차도 없이 다 이루어 가시는 분이 하나님이시다.

하나님의 모든 말씀이 이루어져 마침표를 찍을 때 세상은 끝이 난다. 시작이 있었으니 끝도 있는 것이다.

② 이십사 장로

* 계4:4: "또 보좌에 둘러 이십사 보좌들이 있고 그 보좌들 위에 이십사

장로들이 흰옷을 입고 머리에 금관을 쓰고 앉았더라"

보좌를 둘러 경배드리고 있는 이십사 장로들은 누구인가?

구원받은 자 전체를 대표하는 자들이다.

그들은 흰옷을 입고 금 면류관을 쓰고 보좌에 앉으신 이(하나님)와 우편에 계신 어린양(예수 그리스도)에게 찬송과 존귀와 영광을 돌리며 경배를 드린다.

❖ 요한은 이십사 장로들과 순교자들을 영체를 입은 것처럼 묘사했다.

그러나 아직 아무도 영의 몸, 영체를 입은 자는 없다.

공중 재림 때 입을 영의 몸을 환상으로 보여 주신 것이다.

B. 인

인이란 무엇인가? 도장(印)을 말한다.

누구의 도장인가? 보좌에 앉으신 이의 도장, 하나님의 도장이다.

하나님의 도장이 찍혔다는 것은 소유물의 주인이 하나님이란 것을 표시한 것이다.

이 인을 하나씩 뗄 때 두루마리 안의 종말에 대한 말씀이 효력이 발생한다.

① 하나님 오른손에 두루마리

* 계5:1: "내가 보매 보좌에 앉으신 이의 오른손에 두루마리가 있으니 안팎으로 썼고 일곱 인으로 봉하였더라"

일곱 인으로 봉했다는 것은 일곱은 완전수이다.

이 책은 때가 될 때까지 봉하라, 안전하게 보관해 두셨다는 것은 그만큼 중요하다는 뜻이다.

② '일곱 인'을 누가 뗄 수 있을까?

* 계5:3: "하늘 위에나 땅 위에나 땅 아래에 능히 그 두루마리를 펴거나 보거나 할 자가 없더라"

하늘과 땅과 땅 아래에 이 두루마리를 펼 수 있는 자도 없고, 보고 내용을 알 수 있는 자도 없다.

* 계5:5: “장로 중 한 사람이 내게 말하되 울지 말라 유다지파의 사자 다윗의 뿌리가 이겼으니 그 두루마리와 그 일곱 인을 떼시리라 하더라”

* 계5:7: “그 어린 양이 나아와서 보좌에 앉으신 이의 오른손에서 두루마리를 취하시니라”

어린양이, 하나님의 오른손에서 두루마리를 받으셨다.

오직 한 분 예수 그리스도만이 이 인을 떼실 수 있고, 예수 그리스도만이 두루마리를 펴고 읽을 수 있다.

그러므로 인은 예수 그리스도께서 떼시는 것이고, 예수 그리스도의 인은 하나님의 인이다.

중요한 것은 한번 떼어진 인은 아버지께로 돌아가지 않는다는 것, 예수님 재림 때까지 이 땅에서 계속 활동한다. 점점 더 강하게, 점점 더 세게, 점점 더 악하게 활동한다.

이들은 복음과 전쟁과 기근과 질병과 죽음을 가져오는 자들이다.

인을 뗄 때마다 환난이 몰아친다.

재앙은 일곱 인 – 일곱 나팔 – 일곱 대접 순으로 이어진다.

갈수록 이 세상이 종말로 치닫는 것이다.

C. 첫째 인: 흰말(복음운동)

1) 하늘 보좌에 앉으신 이의 오른손에 들고 계신 인봉한 두루마리를 예수 그리스도께서 받으셨다

* 계6:1-2: "내가 보매 어린양이 일곱인 중의 하나를 떼시는데 그때에 내가 들으니 네 생물 중의 하나가 우렛소리같이 말하되 오라 하기로, 이에 내가 보니 흰말이 있는데 그 탄자가 활을 가졌고 면류관을 받고 나아가서 이기고 또 이기려고 하더라"

① 첫째 인은 예수 그리스도께서 이 땅에 오셔서 천국복음을 전파하실 때 그때 첫째 인이 떼어졌다

* 마4:17: "이때부터 예수께서 비로소 전파하여 이르시되 회개하라 천국이 가까이 왔느니라 하시더라"

❖ "이때부터" 이때가 언제인가? 특별한 시점을 말한다.

예수님 생애에 전환점인 시점, **"회개하라 천국이 가까이 왔느니라"** 공적 사역이 시작되셨음을 선포하신 시점이다.

그 전에는 내 때가 아직 이르지 않았다고 분명하게 말씀하셨다.

* 요2:4: "예수께서 이르시되 여자여 나와 무슨 상관이 있나이까 내 때가 아직 이르지 아니하였나이다"

예수님은 천국복음을 전하러 오셨다. 복음의 시작이다. 회개하고 구원받으라는 천국복음이 선포되었다.

예수님은 만국, 세계 모든 나라에 복음을 전파하셨고, 불의한 것은 흑암에 가두셨고 진노의 포도주 틀에 넣으셨다.

예수님의 입에서는 예리한 말씀의 검이 나와서 사람의 심령을 쪼개고 회개하게 하셔서 천국 백성을 만들어 나가셨다.

② 천국복음을 전파하셨다는 것은 사탄과의 영적 전쟁을 선포하신 것이다

죽음밖에 없던 이 땅에 구원이 선포되고 믿는 자가 점점 많아지는 것을 보고 사탄이 가만있겠는가?

이 땅에 천국복음이 전파되면 될수록 전쟁은 점점 더 크게 일어난다.

이것이 바로 사탄과의 영적 전쟁인 것이다.

전쟁에 승리할 때 하나님 교회가 세워지고, 지옥 백성이 천국 백성되기 때문에 영적 세계에서는 치열한 전쟁을 하는 것이다.

복음이 전파되어 하나님 나라가 승리할 때 사탄은 하늘로부터 번개같이 떨어지는 것이다. 왜? 전쟁에서 패했기 때문이다.

* 눅10:17-18: "칠십 인이 기뻐하며 돌아와 이르되 주여 주의 이름이면 귀신들도 우리에게 항복하더이다, 예수께서 이르시되 사탄이 하늘로부터 번개같이 떨어지는 것을 내가 보았노라"

믿는 자와 교회가 복음으로 설 때마다 사탄은 패배한다.

❖ 복음을 전한다는 것은 죽느냐 사느냐의 영적 전쟁인 것이다

믿음은 타협이 될 수 없다. 왜냐하면, 전쟁이기 때문이다.

그러므로 영적 전쟁은 특정인만 하는 것이 아니라 예수 믿는 자라면 누구나 크고 작은 영적 전쟁을 하고 있고 또 이겨야 하는 것이다.

예수 그리스도께서는 흰말을 타시고 이기고 또 이기셨다.

예수님이 가시는 곳마다 천국복음이 전파되어 구원자가 날마다 늘어났다. 복음을 받은 자는 또 다른 이에게 전파했다. 승리다.

예수께서 십자가에서 죽으심으로 사탄이 이긴 것 같았지만, 부활하심으로 복음은 또다시 승리했다.

이 승리의 기쁨은 숨어 버린 그리스도인들을 다시 세상 밖으로 나오게 했다.

❖ 제자들은 예수님처럼 복음을 전파하기 시작했다.

* 행2:37: "그들이 이 말을 듣고 마음에 찔려 베드로와 다른 사도들에게 물어 이르되 형제들아 우리가 어찌할꼬 하거늘"

* 행4:4: "말씀을 들은 사람 중에 믿는 자가 많으니 남자의 수가 약 오천이나 되었더라"

베드로가 말씀을 전할 때 마음에 찔려 삼천 명, 오천 명씩 회개했다. 그 회개는 지금도 우리에게서 이뤄지고 있다.

사탄은 지금도 예수 믿는 성도들과 영적 전쟁을 계속하고 있지만, 우리 뒤에는 승리하신 예수 그리스도께서 든든히 버티고 계신다.

시대를 막론하고 복음을 지키고 전한다는 것은 영적 전쟁을 하는 것이다. 때문에 이미 시작된 전쟁이라면 반드시 승리해야 한다.

무서워 떨지 말고, 두려워하지도 말고 예수님처럼 당당하게 승리합시다!

③ 흰색은 승리의 색이고, 하나님께 속한 색이다

* 사1:18: "여호와께서 말씀하시되 오라 우리가 서로 변론하자 너희의 죄가 주홍 같을지라도 눈과 같이 희어질 것이요 진홍같이 붉을지라도 양털같이 희게 되리라"

죄를 회개하면 눈과 같이 희어진다. 작은 죄든, 큰 죄든 눈과 같이 깨끗하게 된다. 깨끗한 자만이 깨끗한 나라에 갈 수 있다.

* 마17:1-2: "엿새 후에 예수께서 베드로와 야고보와 그 형제 요한을 데리고 따로 높은 산에 올라가셨더니, 그들 앞에서 변형되사 그 얼굴이 해 같이 빛나며 옷이 빛과 같이 희어졌더라"

변화산에서 예수님의 옷은 빛과 같이 희게 변화되었다.

흰색은 하나님께 속한 색이고, 하나님께 속한 운동은 복음운동이다.

* 계19:7-8: "우리가 즐거워하고 크게 기뻐하며 그에게 영광을 돌리세 어린 양의 혼인 기약이 이르렀고 그의 아내가 자신을 준비하였으므로,

그에게 빛나고 깨끗한 세마포 옷을 입도록 허락하셨으니 이 세마포 옷은 성도들의 옳은 행실이로다 하더라"

성도도 이긴 자는 흰 세마포 옷을 입는다. 깨끗함의 상징, 승리의 색이다.

④ 흰말을 탄 자는 예수 그리스도이시다

말은 빨리 달린다. 복음이 말처럼 빨리 전파될 것을 말씀한다.

예수님은 승리의 흰말을 타시고 동분서주하시면서 천국복음을 전파하시고, 지옥 백성을 천국 백성으로 만들어 나가셨다.

흰말을 타고 이기고 또 이기더라.

* 계19:11-16: "또 내가 하늘이 열린 것을 보니 보라 백마와 그것을 탄자가 있으니 그 이름은 충신과 진실이라 그가 공의로 심판하며 싸우더라, 그 눈은 불꽃 같고 그 머리에는 많은 관들이 있고 또 이름 쓴 것 하나가 있으니 자기밖에 아는 자가 없고, 또 그가 피 뿌린 옷을 입었는데 그 이름은 하나님의 말씀이라 칭하더라, 하늘에 있는 군대들이 희고 깨끗한 세마포 옷을 입고 백마를 타고 그를 따르더라, 그의 입에서 예리한 검이 나오니 그것으로 만국을 치겠고 친히 그들을 철장으로 다스리며 또 친히 하나님 곧 전능하신 이의 맹렬한 진노의 포도주 틀을 밟겠고, 그 옷과 그 다리에 이름을 쓴 것이 있으니 만왕의 왕이요 만주의 주라 하였더라"

❖ 피 뿌린 옷을 입으신 이의 이름은 하나님의 말씀이라, 말씀은 예수 그리스도시다

*요1:1: “태초에 말씀이 계시니라 이 말씀이 하나님과 함께 계셨으니 이 말씀은 곧 하나님이시라”

❖ 피 뿌린 옷을 입었다는 것은 전쟁 중임을 나타내는 말이다

성부, 성자, 성령 중에 백마를 타고 피 묻은 옷을 입으신 채 전쟁에서 승리를 쟁취하시는 이는 말씀이신 예수 그리스도이시다.

예수께서 사탄의 나라를 정복하신 첫째인 때부터 하늘 군대는 백마를 타고 예수 그리스도를 따랐다.

흰말을 타고 달리는 것처럼 하나님의 말씀은 빠르게 전파될 뿐 아니라 승리할 것을 말씀한다.

하나님의 말씀이 전파된다는 것은 예수 그리스도가 전파된다는 말이다.

그러므로 말씀을 듣고 마음에 새긴다는 말은 예수 그리스도께서 내 안에 말씀으로 들어오신다는 뜻이다.

예수님 자체가 말씀이시다. 전도한다는 것은 말씀이신 예수를 전하는 것이 전도다.

이 때문에 하나님은 믿지만, 예수는 믿지 않는다는 것은 잘못된 것이다.

예수를 믿어야 천국 간다는 말은 예수님의 말씀이시기 때문에 말씀을 믿는 자, 즉 예수를 믿는 자는 당연히 천국 가는 것이다.

⑤ 예수님 오실 때까지 화살과 같은 말씀으로 전쟁은 계속된다

* 시45:5: "왕의 화살은 날카로워 왕의 원수의 염통을 뚫으니 만민이 왕의 앞에 엎드러지는도다"

* 시38:2: "주의 화살이 나를 찌르고 주의 손이 나를 심히 누르시나이다"

'화살을 가졌다.' 화살은 무기다. 상대의 가슴을 관통하는 무기다.

사람은 무기를 가지고 싸우지만, 하나님은 말씀을 가지고 싸우신다.

말씀을 전하면 그 말씀이 화살처럼 사람의 마음판에 박히는 것이다. 화살같이 예수님의 말씀이 박히면 주 앞에 고꾸라지게 된다. 이때 예수를 믿게 되고, 옛사람이 죽게 되는 것이다.

'심령을 꿰뚫는다.' 회개한다는 뜻이다. 마음에 박히도록 말씀의 씨를 뿌리는 것이다.

어떤 이는 금방, 어떤 이는 뿌린 씨가 10년, 20년이 돼서 열매를 맺는 것이 아니라 그제서야 싹이 나기도 한다.

이처럼 말씀을 받은 자는 마음에 찔림이 오고, 언젠가는 예수 믿고 회개하게 하기 때문에(고꾸라진다.) 화살에 맞는 것과 같다고 말씀하셨다.

* 눅12:49-53: "내가 땅에 불을 던지러 왔노니 이 불이 이미 붙었으면 내가 무엇을 원하리요, 나는 받을 세례가 있으니 그것이 이루어지기까지 나의 답답함이 어떠하겠느냐, 내가 세상에 화평을 주려고 온 줄로 아

느냐 내가 너희에게 이르노니 아니라 도리어 분쟁하게 하려 함이로라, 아버지가 아들과 아들이 아버지와 어머니가 딸과 딸이 어머니와 시어머니가 며느리와 며느리가 시어머니와 분쟁하리라 하시니라"

예수님은 땅에 불을 던지러 오셨다.

사탄과 싸워 승리해서 죽어가는 영혼을 살리기 위한 정복자로 예수님은 이 세상에 오셨다.

이루어지기까지, 다시 말해 구원이 전 세계에 전파되어 승리하기까지 "나의 답답함이 어떠하겠느냐?" 몹시 조급함을 말씀하신다.

가족 중에 믿는 자와 믿지 않는 자가 예수 믿는 것 때문에 싸운다.

믿는 자가 말씀의 화살을 가지고 집에 들어가는데 어찌 화평하겠는가?

이 전쟁은 영적 전쟁이다. 영적으로, 나의 원수와 싸워 이겨야 하는 전쟁이다. 영적 전쟁은 우리만 하는 것이 아니라 예수님이 먼저 시작하셨고, 우린 그 뒤를 따를 뿐이다.

전쟁은 같은 편끼리는 하지 않는다. 원수, 나와 다른 적과 하는 것이 전쟁이다.

전쟁은 어떤 전쟁이든 오래가면 지치고 피해가 큰 만큼 속전속결로 빨리 끝내는 것이 최선이다.

이겨야만 생명을 살릴 수 있다, 어떤 방법을 동원해서라도 수단 방법을 가리지 말고 전쟁에서 빨리 이겨야 한다.

우리는 영적 전쟁이야 어찌 되든 육적 평화만을 원하나 영적 전쟁에서 승리해야 진정 육적 화평이 찾아온다.

가정과 사회 어느 곳이든 말씀이 들어가면 복음화시키기 위한 영적 전쟁이 일어날 수밖에 없다.

영적 전쟁의 파장으로 이념과 사상, 종교가 다른 사람끼리 싸움이 일어난다. 이는 총칼로 싸우는 전쟁이기도 하고, 생각의 차이에서 오는 눈에 보이지 않는 전쟁이기도 하다. 육의 전쟁이든, 영의 전쟁이든 전쟁 내면을 들여다보면 전부 사탄과의 싸움이다.

그러므로 말세에 나타나는 첫째 말 예수 그리스도는 이천 년 전에 이 세상에 오셨고, 이때 첫째 인이 떼어진 것이다.

예수님이 오심으로 전쟁은 시작되었고, 말세도 이천 년 전 그때부터 시작된 것이다.

⑥ "이기고 또 이기려고 하더라"

* 행1:8: "오직 성령이 너희에게 임하시면 너희가 권능을 받고 예루살렘과 온 유대와 사마리아와 땅 끝까지 이르러 내 증인이 되리라 하시니라"

복음은 실패한 것 같아도 결코 실패하지 않는다.

복음은 사람 마음속에 들어가 다이너마이트와 같은 위력을 발한다.

활로 쏘듯이 사람의 마음에 예수님의 말씀이 박혀서 온 유대와 사마리아와 땅끝까지 전파되게 하신다.

우리도 주님의 말씀을 가지고 가족과 믿지 않는 자에게 입을 열어 말씀을 전하는 순간 복음은 이미 상대의 마음에 화살처럼 박힌다. 나머지는 말씀이신 예수님이 알아서 일하신다.

전도했는데도 믿지 않는 이유는 얼마나 자주, 얼마나 열정적으로, 얼마나 진실되게, 얼마나 기도하면서 복음을 전했는가 자신을 돌아봐라.

농사꾼이 씨를 뿌렸는데 병에 걸려 죽으면 다신 씨 안 뿌릴까? 아니다. 갈아엎고 다시 뿌린다. 죽으면 또 뿌리고, 또 죽으면 또 뿌려, 씨가 죽지 않고 싹이 나올 때까지 뿌리기를 반복한다.

그다음은 하나님이 키우시는 것과 같다.

전도로 그 사람의 마음에 뿌려진 많은 말씀 중에서 어느 하나가 자라서 구원에 이르게 하신다.

그러므로 전도해도 믿지 않는다고 말하는 것은 내가 씨 뿌리기를 게을리해 놓고 주님을 원망하는 불순종이다.

* 겔3:11: "사로잡힌 네 민족에게로 가서 그들이 듣든지 아니 듣든지 그들에게 고하여 이르기를 주 여호와의 말씀이 이러하시다 하라"

우리는 꾸준하게 듣든지 아니 듣든지 하나님의 말씀을 전하는 것만이 종의 본분을 다하는 것이다.

⑦ 우리도 복음을 전파하면 예수님처럼 반드시 이긴다

내가 전도해서 이기면 예수님이 이기는 것이고, 이는 곧 하늘나라가 확장되는 것이다. 내가 지면 사탄이 이기는 것이고, 사탄의 나라가 확장되는 것이다.

그러므로 예수님이 이기실 수 있도록 우리의 입과 발로 부지런히 전해야 하는 것이다.

예수님이 아무리 흰말을 타고 활을 가지고 다니셔도 말씀을 뿌려 전도하는 사람이 없으면 누구에게 가셔서 복음에 불을 붙이시겠는가?

❖ 우리나라도 하인, 종이 있던 시대가 있었다

종은 자기 생각으로 결정해서 뭔가를 하는 자가 아니다.

아침에 일어나면 '주인이 시키는 일을 못 합니다.'가 아니라 아무리 어려운 일을 시켜도 '예', 아무리 위험한 일을 시켜도 '예', 아무리 하기 싫은 일을 시켜도 '예.' 하고 순종하는 자가 종이다.

주인이 종에게 일을 시켰을 때 더도 덜도 말고 꼭 주인의 말대로만 하면 종의 임무는 끝난다.

일의 결과는 일을 시킨 주인에게 있는 것이다.

이처럼 주님이 전하라 명하셨으니 가서 전하기만 하면 되는 것이다.

결과에 대한 책임을 우리에게 묻지 않으신다.

묻지 않으시면서도 순종했다고 전한 자에게 상급까지 주신다.

그러므로 첫째 인은 이천 년이 지난 지금도 계속되는 복음운동이다.

D. 둘째 인: 붉은 말(마귀 운동)

❖ 붉은 말 활약(계6:3-4)**: 내란, 혁명, 전쟁, 학살, 피가 낭자한 것을 의미한다.**

* 마2:16: "이에 헤롯이 박사들에게 속은 줄 알고 심히 노하여 사람을 보내어 베들레헴과 그의 모든 지경 안에 있는 사내아이를 박사들에게 자세히 알아본 그때를 기준하여 두 살부터 그 아래로 다 죽이니"

둘째 인 붉은 말 운동은 예수님이 태어나시면서부터 헤롯에 의해 어린아이들의 피 흘림으로 시작된다.

예수님이 천국복음을 전파하기 전에 어떻게든 사탄은 천국복음을 막아야 했다. 때문에 예수님 탄생 때부터 붉은 말 활약이 시작된 것이다.

이 영적 전쟁은 예수님 재림하실 때까지 점점 수위를 높여 활약하고 있는 중이다.

① 예수님이 복음 전파하심으로 점점 많은 사람이 믿으니 사탄이 가만있지 않고 마귀 운동을 펼친다

* 계6:3-4: "둘째 인을 떼실 때에 내가 들으니 둘째 생물이 말하되 오라 하니, 이에 다른 붉은말이 나오더라 그 탄자가 허락을 받아 땅에서 화평을 제하여 버리며 서로 죽이게 하고 또 큰 칼을 받았더라"

붉은 말은 마귀운동이다. 서로 피 흘리게 하고 학살한다. 복음 전파를 방해하는 세력이다. 큰 칼로 화평을 제하여 버리고 서로 죽이게 한다.

인간 기본적인 신뢰가 깨지고 서로가 서로를 헐뜯고 죽이는 일을 하게 만든다.

❖ 왜 마귀는 큰 칼까지 사용하며 죽이는 일을 할까?

* 행2:47: “하나님을 찬미하고 또 온 백성에게 칭송을 받으니 주께서 구원받는 사람을 날마다 더하게 하시니라”

예수님 시대에 사천 명, 오천 명씩 말씀을 들었으니 그 복음은 놀랍도록 전파되고 전파되었다.

그 후 예수님의 제자들이 말씀을 전파하니 날마다 구원받는 사람 수가 늘어났다. 마귀는 복음 전파를 막으려고 모든 방법을 동원하는 것이다. 반기독교 운동이 일어나 기독교를 전멸시키려고 교인들을 무참히 죽이는 것도 피 흘리는 붉은 말 운동이다.

* 마10:34: “내가 세상에 화평을 주러 온 줄로 생각하지 말라 화평이 아니요 검을 주러 왔노라 36: 사람의 원수가 자기 집안 식구니라”

붉은 말이 자기 가족과 이웃 중에서 나온다. 그때부터 지금까지 예수 믿는 자는 핍박을 당하고 가정엔 화평이 없다.

② 붉은색은 피와 사탄에 속한 색이다

* 마10:21-22: "장차 형제가 형제를 아버지가 자식을 죽는 데에 내주며 자식들이 부모를 대적하여 죽게 하리라, 또 너희가 내 이름으로 말미암아 모든 사람에게 미움을 받을 것이나 끝까지 견디는 자는 구원을 얻으리라"

마귀는 사람끼리 나라끼리 서로 싸우게 하여 원수가 되게 한다.

나라마다 내란과 혁명 권력 다툼을 일으켜 유혈 사태와 살육이 난무하게 한다. 나라마다 내부에서 일어나는 충돌로 인해 피 터지게 싸운다.

나라와 나라 간에 전쟁하듯 싸우고, 인종차별로 서로 죽고 죽이고, 정권을 잡기 위해 자국민에게 총칼을 들이댄다.

노조와 기업인, 경찰과 검찰, 여당과 야당이 싸운다. 형제와 자매, 이웃과 이웃, 뜻이 다른 파와 파가 별것도 아닌 것을 가지고 피비린내 나는 싸움을 한다.

이는 화평, 평화를 제하여 버림으로 서로 죽이고 죽는 것이다.

지금은 화평을 거둔 시대이므로 서로 죽이는 살벌한 시대를 우린 살고 있다. 기본적인 신뢰가 깨지고, 서로 헐뜯고 잡아 죽이는 일이 만연하다. 사랑도 없고, 불쌍히 여기는 마음도 없다.

옆에서 죽어가는 사람이 있어도 자신의 이익만을 챙기는 냉정한 시대가 우리가 사는 시대다.

③ 붉은 말은 복음을 저지시키기 위해 반기독교 단체를 설립하고 이용한다

전 세계적으로 반기독교 운동이 일어나 기독교를 말살시키려 한다.

국가적인 세력을 업고 나올 때도 있고, 반기독교적인 세력이나 가족 중에서도 목숨 걸고 복음을 반대하는 자도 나온다.

사탄 숭배교도 나오고, 사탄을 숭배하는 노래들도 속속 나와 사람을 열광시켜 영혼을 혼미하게 할 뿐 아니라 아예 영혼을 빼앗아 간다.

사탄은 갖은 방법을 동원해 성도의 마음을 격동시키고 심령에 상처를 주고 낙심하게 만들어 믿는 일에서 중도 하차하게 만든다.

상호 간의 기본적인 신뢰관계도 깨지고, 서로 헐뜯고 주님이 싫어하는 일을 서슴없이 하면서도 양심의 가책이나 회개도 하지 않는 일이 이 땅에 만연해지면 질수록 심판 날이 가까이 왔다는 증거다.

사탄은 무슨 수를 써서라도 믿는 자의 마음을 흔들어 택한 자라도 지옥으로 끌고 가려는 속셈이다.

그러므로 아무리 마음이 상해도 태연한 척 보란 듯이 심령에 화평을 유지하고 주님과 동행해야 한다.

죽음을 불러오는 전쟁이 끊임없이 이어지는데, 마지막 때는 죽음이 이긴다.

세계 곳곳에서 전쟁이 끊이질 않고 계속되지만 정의가 이기는 것이 아니라 불의가 이기고 불법이 이긴다.

전쟁이 있으니 당연히 죽음, 기근, 질병이 따라오게 된다.

* 마24:24: "거짓 그리스도들과 거짓 선지자들이 일어나 큰 표적과 기사를 보여 할 수만 있으면 택하신 자들도 미혹하리라"

E. 셋째 인: 검은 말(가난과 기근)

1) 육적인 극심한 가난이 온다

* 계6:5-6: "셋째 인을 떼실 때에 내가 들으니 셋째 생물이 말하되 오라 하기로 내가 보니 검은 말이 나오는데 그 탄자가 손에 저울을 가졌더라, 내가 네 생물 사이로부터 나는 듯한 음성을 들이니 이르되 한 데나리온에 밀 한되요 한 데나리온에 보리 석되로다 또 감람유와 포도주는 해치지 말라 하더라"

① 검은 말은 가난과 기근을 의미한다

가난은 부족하지만 근근이 먹을 수는 있는 것을 말하고, 기근은 한마디로 굶주림, 먹을 게 없어서 굶는 것을 말한다.

"한 데나리온에 밀 한되, 한 데나리온에 보리 석되로다"

데나리온은 은으로 만든 3.8g짜리 로마 동전이다. 이 은화에는 가이샤의 초상이 새겨져 있다.

하루 종일 일한 성인 품값으로 한 데나리온을 받아서 겨우 밀 한 되를 사거나 보리 석 되를 겨우 살 수 있을 정도로 인플레 현상이 심각한 세상이 된다.

이스라엘은 밀이 주식이다. 보리는 가난한 자들과 가축이 먹었다.

당연히 밀이 보리보다 3배 비쌌다는 것을 알 수 있다.

하루 벌어 하루 산다는 말이 있듯이 하루 종일 일해서 겨우 하루 먹을 밀가루 한 되를 사거나 식구가 많은 집은 밀가루보다 싼 보리 석 되를 살 수 있을 뿐이다.

극심한 인플레이 현상으로 먹고살기 힘들 때도 있었고 이번 코로나 바이러스로 전 세계가 가난과 기근이 온 것을 봐도 알 수 있다.

하지만 이 정도는 약과다. 점점 더 기근이 심해질 것을 말씀한다.

② 지금도 빈부 차는 엄청나게 나지만 갈수록 점점 더 심화할 것을 말씀한다

* 마24:7-8: "민족이 민족을 나라가 나라를 대적하여 일어나겠고 곳곳에 기근과 지진이 있으리니, 이 모든 것이 재난의 시작이니라"

* 애:9-10: "광야에는 칼이 있으므로 죽기를 무릅써야 양식을 얻사오니, 굶주림의 열기로 말미암아 우리의 피부가 아궁이처럼 검으니이다"

사람들은 죽기를 각오해야 겨우 양식을 얻을 수 있다.

이번 코로나 사건 때 마트엔 생필품이 동이 나고, 어느 나라인지 배급을 받으려고 줄 선 사람은 많으나 보급할 수 있는 양은 적었을 때 양식을 얻겠다고 달려들었다가 죽은 자들이 속출했던 기사를 보신 분이 있으실 것이다.

가난한 자는 이렇게 죽기를 무릅써도 양식을 얻을까 말까 할 것이다.

❖ 우리가 착각하는 것이 있는데 재난이 온다 해서 모두가 가난과 기근에 시달리는 것은 아니다.

가난한 사람은 먹을 것이 없어서 비참하게 굶어 죽는 반면, 부자는 사치와 향락의 극치를 누리며 산다.

검은 말, 극심한 가난과 기근이 오지만 부자는 가난과 기근을 모를 것이다. 오히려 재산은 더 늘어나고 더 사치스러운 생활을 즐긴다.

때가 가까우면 가까울수록 더욱 양극화 현상은 두드러질 것이다.

우리나라도 양극화 현상이 점점 더 심해져 가고 있는데 어쩔 수 없는 말세의 현상 중 하나일 뿐이다.

"내가 이미 말하였으며 작정하였고 후회하지 아니하였은즉 또한 거기서 돌이키지 아니하리라"

시대를 읽을 수 있으면 흥분하지 말고 차분히 믿음 준비합시다!

③ 빈곤한 나라들이 늘어난다

가난과 기근으로 굶어 죽어가는 빈곤한 나라들이 속출한다.

자연재해로 인해 선진국까지도 가난에서 벗어나지 못한다.

세계 모든 나라가 전쟁이 없으면 내란이 있고, 내란이 없으면 자연재해로 빈곤해진다. 이천 년 전부터 지금까지 계속되었기 때문에 인이 박여 그리 놀랄 일도 아닐 것이다. 이 세상에 지상 낙원은 없다.

2) 영적인 극심한 가난도 온다

① 듣고 들을지어다

* 사55:1-3: "오호라 너희 모든 목마른 자들아 물로 나아오라 돈 없는 자도 오라 너희는 와서 사 먹되 돈 없이 값없이 와서 포도주와 젖을 사라, 너희가 어찌하여 양식이 아닌 것을 위하여 은을 달아주며 배부르게 하지 못할 것을 위하여 수고 하느냐 내게 듣고 들을지어다 그리하면 너희가 좋은 것을 먹을 것이며 너희 자신들이 기름진 것으로 즐거움을 얻으리라, 너희는 귀를 기울이고 내게로 나아와 들으라 그리하면 너희의 영혼이 살리라 내가 너희를 위하여 영원한 언약을 맺으리니 곧 다윗에게 허락한 확실한 은혜이니라"

말세에는 예수 믿는 자도 육의 양식이 부족해 가난과 기근을 당한다.

이는 어쩔 수 없는 현상이다.

하지만 더 가슴 아픈 것은 영이 배고픈 기근을 당한다는 것이다.

내게로 나와 들으라는 것은 아직은 영의 말씀을 들을 수 있는 곳이 있다는 것이다.

그러니 이때가 돼도 아주 소망이 없는 것은 아니다.

② 영의 양식도 겨우겨우 살아갈 수 있을 정도다

생각해 보면 모든 조건이 좋아진 지금이 예전보다 훨씬 은혜받기가 어렵다는 것을 알 수 있다.

이처럼 마지막 때가 가까이 오면 올수록 영의 양식 얻기가 지금보다 몇십 배, 몇백 배는 더 어려워질 것이다.

세상을 원망하지 말고 때를 알고 준비하자!

힘들이지 않아도 말씀을 들을 수 있을 때 귀 기울여 들으면 영혼이 산다. 말씀을 배우려고 힘쓰고 깨달으려 노력하면 아직은 자기 먹을 영의 양식은 얻을 수 있도록 은혜를 베풀어 주신다.

또, 도저히 말씀을 들을 수 없을 때는 이미 아는 말씀을 되새김질해서 살아갈 수 있도록 도우신다.

따라서 지혜의 말씀은 들을 수 있을 때 듣고 배우지 않으면 나중에는 배우고 싶고, 듣고 싶어도, 또 들은 것을 기억하고 싶어도 아는 말씀이 없으니 생각나지도 않는 때가 온다.

말씀드렸듯이 떼어진 인은 점점 더 크고 강하게 이 세상에서 계속해서 돌고 돌아 역사한다.

이 말은 육적인 가난과 기근도, 영적 가난과 기근도 점점 더 크게 점점 더 많은 사람에게 찾아온다는 것이다.

F. 넷째인: 청황색 말(전쟁, 흉년, 사망, 전염병, 자연재해, 혼합주의)

1) 검과 흉년과 전염병으로 인한 죽음이 온다

❖ 청황색 말 시대는 셋째인 때까지 있어 온 심판이 뒤섞여 더 크고 더 무섭고 더 괴로운 시대다.

* 계6:7-8: "넷째 인 떼실 때에 내가 넷째 생물의 음성을 들으니 말하되 오라 하기로, 내가 보매 청황색 말이 나오는데 그 탄자의 이름은 사망이니 음부가 그 뒤를 따르더라 그들이 땅 사분의 일의 권세를 얻어 검과 흉년과 사망과 땅의 짐승들로써 죽이더라"

① 청황색은 혼합된 색이다

청황색은 청색과 황색이 혼합된 푸르스름한 색이다.

중병, 죽을병에 걸린 환자의 얼굴색을 말하고 있다.

창백하다 못해 누르스름하고 푸르스름한 색, 새파랗게 질린 색, 죽음의 색을 표현하고 있다. 모든 사람이 중병에 걸린 환자처럼 된다.

② 검이 있으니 사망이 오고 흉년이 뒤따른다

검은 전쟁을 말한다. 한마디로 이제까지의 고통이 한꺼번에 뒤섞여 오는 시대가 넷째인 시대다.

"탄자의 이름은 사망이니 음부가 그 뒤를 따르더라"

이름이 사망이고, 음부인데 무슨 말이 더 필요할까….

❖ 청황색 말은 땅 사 분의 일을 죽인다.

이 말은 사람 1/4을 죽인다는 말이 아니다.

산에 나무와 동물들, 강과 바다에 물고기와 물속 각가지 생물들, 땅에 가축들과 농산물과 생물들, 즉 땅의 1/4이 죽는다.

짐승이든 바다의 물고기든 농작물이든 상관없이 죽는 시대다.

조류 인플루엔자로 닭이 떼로 죽고, 소, 돼지가 산채로 매장되고, 철새가 죽어 냄새가 진동하고, 수많은 물고기도 죽어 뜰채로 건져낸다.

당연히 흉년, 가난이 오게 되는 것이다.

그러나 이것은 시작에 불과하다. 땅의 사 분의 일이 죽는다.

③ 알 수 없는 전염병이 나돈다

* 겔14:21-22: "주 여호와께서 이같이 이르시되 내가 나의 네 가지 중한 벌 곧 칼과 기근과 사나운 짐승과 전염병을 예루살렘에 함께 내려 사람과 짐승을 그 중에서 끊으리니 그 해가 더욱 심하지 아니하겠느냐, 그러나 그 가운데에 피하는 자가 남아있어 끌려 나오리니 곧 자녀들이라 그들이 너희에게로 나아오리니 너희가 그 행동과 소행을 보면 내가 예루살렘에 내린 재앙 곧 그 내린 모든 일에 대하여 너희가 위로를 받을 것이라"

청황색, 죽음의 병, 전염병이 돌아 많은 사람이 죽는다.

병명도 알 수 없는 병들이 계속 생긴다.

2015년도 메르스가 유행했고, 2020년 코로나19 바이러스가 대유행하고 있다. 메르스와 코로나의 위험도를 비교할 수나 있을까?

조용히 코로나 바이러스가 훑고 지나가니 전 세계가 죽음의 도시처럼 변해버렸다. 새파랗게 질렸다.

직장과 사업이 문을 닫으니 수입이 없어 가난해지고, 가난해지니 먹을 것이 없게 되는 무서움과 같다.

전염병으로 인한 사망, 새파랗게 질린 절망의 색이 청황색이다.

④ 자연재해가 온다

첫째인 때부터 내린 재앙이 뒤섞여 정신 차릴 수 없는 시대가 넷째 인이다.

전쟁과 흉년에 지치고, 전염병과 자연재해까지 겹친다.

여기서는 지진이 일어나고, 저기서는 해일과 화산, 산불이 일어나고, 다른 곳에서는 굶어 죽고, 어느 곳에서는 전쟁과 내란이 일어나고, 또 다른 곳에서는 알 수 없는 전염병이 나돌아 땅의 1/4이 죽는다.

전 세계에 이 모든 일이 원을 그리며 일어나는 무서운 시대다.

지구상에 어느 나라도 편안하고 행복한 나라가 없고, 평화로운 곳도 없다.

사람들은 늘 흥분 상태에서 너 죽고 나 살자는 생각으로 사는 시대다.

희망도 없고 내일도 없이 지친 사람들의 심기는 날카롭기가 마치 잘 드는 칼로 베는 듯하다.

❖ 점점 더 무서운 일들이 하나님 주권 아래 움직일 것이다.

아무것도 하지 않았는데도 독가스를 마신 자처럼 죽음의 검은 연기가 스멀스멀 올라와 땅의 생물들을 죽일 것이다.

이 재앙들은 불신자뿐 아니라 하나님을 믿는 성도들에게도 미친다.

어떤 재앙이 먼저 오든 결과는 죽음으로 연결된다.

2) 종교와 말씀이 혼합된다(종교는 하나다 운동)

* 고후4:2: "이에 숨은 부끄러움의 일을 버리고 속임으로 행하지 아니하며 하나님의 말씀을 혼합하게 하지 아니하고 오직 진리를 나타냄으로 하나님 앞에서 각 사람의 양심에 대하여 스스로 추천하노라"

① 하나님의 말씀을 혼합시켜 많은 사람의 심령을 죽게 만든다

이는 혼합된 색으로 타협주의나 혼합주의를 뜻한다.

혼합주의는 진리와 비슷하므로 분별하지 못하고 많은 사람이 그 길을 따라가 사망에 이르게 되는 것이다.

'종교는 하나다', '다른 종교도 구원이 있다', 이렇게 타협하고 혼합한다. 진리와 비진리, 영의 운동과 육의 운동, 천국복음과 세상복음, 신본주의와 인본주의가 적당히 뒤섞여 영을 죽이는 것을 말한다.

혼합주의 운동으로 많은 사람의 심령을 죽게 만들어 생명의 역사가 중단되게 한다.

마귀가 정면으로 대적해 올 때는 마귀의 역사인 줄 알고 경계하고 조심하기 때문에 어느 정도는 피할 수 있다.

그러나 진리를 정면으로 부정하지 않으면서 진리에 비진리를 살짝 섞어서 서로 적당히 타협하도록 유도하면 잘 모르고 따라간다.

혼합주의 운동으로 많은 사람의 영이 죽는 길로 가게 된다.

붉은 말을 탄 자는(둘째 인) 칼을 가지고 나와서 직접 사람을 죽이고 평화를 제해 버리지만, 청황색 말을 탄 자는(넷째 인) 진리에 비진리를 혼합하여 많은 사람의 영혼을 소리 소문도 없이 서서히 죽인다.

교회가 일부는 하나님의 말씀대로 또 일부는 인본주의로 나가면 이것은 섞인 색, 청황색이 되는 것이다.

교회가 말씀에 다른 것을 섞으면 인본주의, 청황색 말이 되어서 교인 수는 많아질지 몰라도 하나님의 능력을 잃게 되고, 하나님이 주시는 지혜도 잃게 된다.

교인들은 이런 것을 좋아한다. 융통성 있게, 세상과 동떨어지지 않게, 적당히 혼합해 믿는 것을 좋아한다.

이런 혼합적인 믿음에는 사망이 들어오고 생명의 역사는 끊어진다는 것을 알아야 한다.

❖ 땅의 짐승은 세상 세력을 말하는데, 많은 사람이 이 세력을 잡으려다 영적 사망에 이르게 된다.

왜? 진리를 떠나거나 타협해서라도 세상 권력과 돈을 잡으려다 영적 사망에 이르게 되는 것이다.

고린도서의 말씀처럼 혼합된 말씀을 버리고, 오직 진리만을 따라가 끝까지 승리하길 바란다.

② 주의 종끼리 속이고 죽인다.

* 왕상13:18: "그가 그 사람에게 이르되 나도 그대와 같은 선지자라 천사가 여호와의 말씀으로 내게 이르기를 그를 네 집으로 데리고 돌아와서 그에게 떡을 먹이고 물을 마시게 하라 하였느니라 하니 이는 그 사람을 속임이라"

나도 그대와 같은 선지자라 속인다.

선지자는 그가 자신과 같은 선지자라 생각하고 그만 넘어가고 만다.

결국, 사역을 잘 마치고 돌아가던 선지자는 거짓 선지자에게 속아 하나님께 불순종하여 사자에게 찢겨 죽는다.

목사, 예언자, 은사가가 성경을 들고 말씀을 전해도 세상 냄새가 나거나 끝이 다르거나 한다면 이는 다시 생각해 봐야 한다.

뭔가 찜찜하고 꺼림칙하다 생각되면 성경을 찾아보고 기도해 보라.

분별의 영을 달라고 간구하라. 반드시 분별할 수 있게 해주실 것이다. 마지막 때 가장 중요한 은사는 영 분별의 은사다.

③ 항상 믿음 안에 있는가 자신을 확인하고 확인하라

* 고후13:5: "너희는 믿음 안에 있는가 너희 자신을 시험하고 너희 자신을 확증하라 예수 그리스도께서 너희 안에 계신 줄을 너희가 스스로 알지 못하느냐 그렇지 않으면 너희는 버림받은 자니라"

항상 믿음 안에 있는가 살피고 예수 그리스도께서 내 안에 계신가를 확증하자. ('확증하다'란 확실히 '증명하다'란 뜻)

그렇지 않으면 버림받은 자다.

청황색 말 시대는 사람이 손쓸 수 없는 종합선물세트와 같은 환란이 밀려오는 시대다.

이것도 아니고 저것도 아닌 청황색 말 시대가 계속될 때, 하늘에서는 다섯째 인을 떼려고 준비하신다.

3

다섯째인~일곱째인

A. 다섯째 인: 천국에서의 일

1) 순교자의 수가 차기까지 기다리라

* 계6:9-11: "다섯째 인을 떼실 때에 내가 보니 하나님의 말씀과 그들이 가진 증거로 말미암아 죽임을 당한 영혼들이 제단 아래에 있어, 큰 소리로 불러 이르되 거룩하고 참되신 대주재여 땅에 거하는 자들을 심판하여 우리 피를 갚아 주지 아니하시기를 어느 때까지 하시려 하나이까 하니, 각각 그들에게 흰 두루마기를 주시며 이르시되 아직 잠시 동안 쉬되 그들의 동무 종들과 형제들도 자기처럼 죽임을 당하여 그 수가 차기까지 하라 하시더라"

① 피 값을 갚아달라는 순교자들의 기도

복음을 위해 순교한 영들이 제단 아래에 엎드렸다.

제단 아래에 있다는 말은 구약의 제사의식에서 나온 말이다

이 말씀의 의미는 희생 제물의 피가 번제단 아래에 뿌려졌다는 말씀에서 찾을 수 있다.

양이나 소 같은 희생 제물의 피는 하나님의 번제단 아래에 뿌려졌다.

이와 같이 순교자의 피는 그가 순교한 장소가 어디든 하나님의 제단 앞에 부어진 것이다.

하나님의 말씀을 지키려다 죽었고, 복음을 전하라는 말씀에 순종하다 죽은 거룩한 자들이다.

가장 값진 피로 하나님의 제단에 부어진 자들이다.

이 순교자들이 하나님 보좌 앞에서 간구하는 것이다.

"땅에 거하는 자들을 심판하여 우리 피를 갚아주지 아니하시기를 어느 때까지 하시려 하나이까"

당당하게 부르짖는다.

'어느 때까지 참아야 합니까?' 더 이상 기다리지 못하겠다는 것이다.

자신의 피, 순교의 피 값을 갚아 달라고, 땅에 살고 있는 자들을 심판하여 달라고 큰 소리로 기도한다.

또한, 이 기도는 영의 몸을 입기를 간절히 구하고 있는 것이다.

예수님 빨리 재림하셔서 자신들의 몸을 부활시켜 달라는 간곡한 기도를 드리는 것이다(재림하실 때에 영의 몸을 입기 때문).

구약시대부터 예수님 오실 때까지 예수 믿다가 죽은 자들 모두는 영으로 낙원에서 쉬고 있다.

② 순교자들은 이렇게 당당하게 구하는데 순교하지 않은 자들, 구원받고 자연사한 영들은 어떨까?

그들도 부활의 몸을 입기를 간절히 원하는 것은 같을 것이다.

생각해 보면 육의 사람은 아직 이 세상에 살고 있기 때문에 부활에 대한 간절함이 적을 수밖에 없다.

이 세상에서 육체로 더 살고 싶고, 이 세상에 대한 삶의 욕구가 부활의 욕구보다는 더 클 수도 있을 것이다.

그러나 육이 죽어 영만 있는 그들로서는 아무것도 할 수 있는 게 없다.

그저 평안을 누릴 뿐이다.

모르면 모를까 다 보이고 다 아는데, 내 집도 저기 저렇게 지어져 있는데 몸이 있어야 자유를 만끽하며 살지 않겠는가?

죽어 낙원에 있는 자들은 누구를 막론하고 똑같이 부활의 몸을 입기를 간구하고 있을 것이다.

어떻게 알 수 있는가 하면 순교자들이 원하는 것을 보면 알 수 있다.

이들은 영의 몸도 육의 몸도 없는데 입이 어디 있어서 기도할까?

예수님도 원래는 말씀이셨음을 생각하면 이해가 될 것이다.

③ 잠시 동안 쉬라, 순교자의 수가 차기까지 쉬라

이 말은 아직은 순교자의 수가 다 차지 않았다는 뜻이다.

이 말은 순교자의 수가 차면 이 세상 종말이 온다는 뜻이다.

이 말은 마지막 때는 순교자의 수가 빨리빨리 찬다는 뜻이다.

흰 두루마기를 주셨다는 의미는 승리자의 삶을 살았다는 표징이며, 곧 두루마기를 입을 것이란 뜻이다.

하나님 나라에서 영화를 누리게 된다는 것을 의미한다.

❖ 순교자의 자리는 존귀하고 찬란하고 영광스러운 자리다.

순교는 세상 사람의 눈으로 볼 때는 이해할 수 없는 미련한 짓이며, 처참한 광경일 뿐이다.

그러나 신앙의 눈으로 볼 때는 구별된 고귀한 제물로 하나님께 드려지는 행위이다.

마지막 때는 크리스천에 대한 핍박이 극에 달해 많은 순교자가 나올 것이다. (하나님이 정하신 수가 차기까지 순교자는 계속 나올 것이다.)

내가 순교할 수도 있다는 각오로 예수를 믿다가 하나님께서 허락하시면 감사함으로 순교의 자리에 나갈 수 있길 바란다.

성경 말씀을 가볍게 생각지 말라. 성경 말씀은 곧 하나님의 말씀이다.

하나님의 말씀을 지키려다 죽는 자는 자기 생명을 하나님께 바친 자다. 이 때문에 하나님이 최고의 영광으로, 최상의 복으로 최고의 영광스러운 반열에 들어가도록 보답해 주시는 것이다.

그러므로 순교는 영원한 생명과 영광을 보장받는 행위이고, 가장 큰 명예다.

하나님의 도성에 들어가 예수님과 같이 앉는 영광이 기다리고 있다.

또 하나 순교하지 않아도 예수님과 함께 보좌에 앉는 이가 있다.

주님이 토해 버리시겠다는 라오디게아 교회 같은 데서 믿음을 지킨 자가 있다면 그도 주님과 함께 앉는 영광을 주시겠다 말씀하신다. (이런 교회에서 승리하기란 순교만큼 어렵다는 뜻이다.)

이제 얼마 남지 않았다는 언지를 주셨다.

순교자의 반열에 들자는 순교할 것이고, 아닌 자는 들림받을 것이다. 그것도 아니면 남아서 대환란을 거쳐야 한다.

믿음 준비하고 열심히 주의 일을 해서 '잘했다.' 칭찬받고 면류관을 받는 성도님들과 제가되기를 소망한다.

④ 마지막 때가 가까울수록 불신자의 핍박이 점점 가중된다

* 마24:9-10: "그때에 사람들이 너희를 환난에 넘겨주겠으며 너희를 죽이리니 너희가 내 이름 때문에 모든 민족에게 미움을 받으리라 그때에 많은 사람이 실족하게 되어 서로 잡아주고 서로 미워하겠으며"

순교자들이 많이 나오게 되지만 배교자들은 더 많게 된다.

믿는 자가 배교하면 믿는 자를 죽이는 데 앞장선다. 왜? 속속들이 잘 알고 있기 때문이다.

⑤ 생명보다 귀한 것은 없다

사람은 언제 어떻게 죽을지 아무도 모른다. 하지만 알아둘 것은 죽음이 가깝다는 것을 느끼면 많이 회개하고 자신을 깨끗하게 하면 편안한 죽음을 맞이하게 하신다.

하늘나라는 깨끗한 자만 들어갈 수 있는 나라다.

하나님 나라에 갈 사람인데 세상에 미련이 남았거나 완고해서 회개가 덜 되었거나 아직도 회개하지 않고 버티고 있으면 어쩔 수 없이 고생을 더해야 한다.

이런 사람도 마지막엔 회개하는 즉시 데려가신다.

왜냐하면, 회개하는 순간은 더 이상 죄를 짓지 않은 깨끗한 상태이기 때문이다.

그러므로 천국은 깨끗한 자만 갈 수 있는 나라다.

2) 순교자와 산 순교자는 왕으로 산다

* 계20:4: "또 내가 보좌들을 보니 거기에 앉은 자들이 있어 심판하는 권세들을 받았더라 또 내가 보니 예수를 증언함과 하나님의 말씀 때문에 목 베임을 당한 자들의 영혼들과 또 짐승과 그의 우상에게 경배하지 아니하고 그들의 이마와 손에 그의 표를 받지 아니한 자들이 살아서 그리스도와 더불어 천년동안 왕 노릇 하니"

① 순교자와 산 순교자의 차이

순교자는 예수 그리스도를 주로 섬기고 성경 말씀을 지킨다는 이유로 수많은 핍박과 고난을 받다가 죽임을 당한 자다.

산 순교자는 순교자처럼 죽임을 당하진 않았지만, 순교자 못지않은 삶을 산 자, 말씀 때문에 순교자처럼 고난을 당하며 산 자를 말한다.

이들은 예수님 재림을 기다리고 있다. 왜? 아직 몸이 없으니까. 부활의 몸을 입고 왕 같은 제사장으로 영원히 살고 싶어서다.

② 우상을 섬기지 않은 자는 왕으로 산다

* 계13:15: “그가 권세를 받아 그 짐승의 우상에게 생기를 주어 그 짐승의 우상으로 말하게 하고 또 짐승의 우상에게 경배하지 아니하는 자는 몇이든지 다 죽이게 하더라”

세상 권력이 사탄의 도구가 되어 교회를 탄압하고 굴복시킨다.

이때 우상에게 경배하지 않는 자들이 피 흘리며 순교하게 된다.

짐승의 영, 사탄의 영을 받아들이지 않고, 사탄의 생각대로 살지 않고, 우상에게 경배하지 않아서 죽임을 당한 자는 왕으로 산다.

우상을 섬기지 않으려고 하나님보다 더 사랑하는 것들을 마음에서 과감하게 쳐서 없앤 자는 영원한 나라에서 왕으로 산다.

‘경배’란 ‘존경해서 공손히 절하다’, ‘굽히다’, ‘엎드려 절하다.’란 뜻이다.

③ 말세에는 믿는 자에게 먼저 핍박과 고난이 따라온다

* 막13:9-13: “너희는 스스로 조심하라 사람들이 너희를 공회에 넘겨주겠고 너희를 회당에서 매질하겠으며 나로 말미암아 너희가 권력자들과 임금들 앞에 서리니 이는 그들에게 증거가 되려 함이라, 또 복음이 먼저

만국에 전파되어야 할 것이니라, 사람들이 너희를 끌어다가 넘겨 줄 때에 무슨 말을 할까 미리 염려하지 말고 무엇이든지 그때에 너희에게 주시는 그 말을 하라 말하는 이는 너희가 아니요 성령이시니라, 형제가 형제를 아버지가 자식을 죽는데에 내주며 자식들이 부모를 대적하여 죽게 하리라, 또 너희가 내 이름으로 말미암아 모든 사람에게 미움을 받을 것이나 끝까지 견디는 자는 구원을 받으리라"

* 계18:24: "선지자들과 성도들과 및 땅위에서 죽임을 당한 모든 자의 피가 그 성중에서 발견 되었느니라 하더라"

예수 그리스도를 믿는다는 이유로 핍박과 고난을 받는다.

어떤 모습으로든 예수 믿는다는 이유로 죽임을 당한 자를 순교자라 말한다.

B. 여섯째 인(둘로 나눔)

❖ 여섯째 인을 둘로 나눠 일하신다: 해달별이 떨어진다

진리가 어두워지고, 교회와 주의 종들이 땅에 떨어지고, 종교 탄압이 있게 된다. 주의 종으로서 두렵고 떨리는 말씀이다.

하지만 전하라 하시니 순종하는 마음으로 전한다.

1) 해달별이 하늘에서 떨어진다

① 여섯째 인 때 일어날 일들은 의역해 놓으셨다

* 계6:12-17: "내가 보니 여섯째 인을 떼실 때에 큰 지진이 나며 해가 검은 털로 짠 상복같이 검어지고 달은 온통 피같이 되며, 하늘의 별들이 무화과나무가 대풍에 흔들려 설익은 열매가 떨어지는 것같이 땅에 떨어지며, 하늘은 두루마리가 말리는 것같이 떠나가고 각 산과 섬이 제자리에서 옮겨지매, 땅의 임금들과 왕족들과 장군들과 부자들과 강한 자들과 모든 종과 자유인이 굴과 산들의 바위틈에 숨어, 산들과 바위에게 말하되 우리위에 떨어져 보좌에 앉으신 이의 얼굴에서와 그 어린 양의 진노에서 우리를 가리라, 그들의 진노의 큰 날이 이르렀으니 누가 능히 서리요 하더라"

지진은 이미 전 세계적으로 일어나고 있다.

어느 나라도 지진이 일어나지 않는 나라가 없고, 안전한 나라도 없다.

그럼에도 여섯째 인에서 다시 지진에 대해 말씀하심은 우리가 아는 지진뿐 아니라 또 다른 지진을 말씀한다.

❖ '지진은 폭동'을 의미한다.

지진은 어디서 언제 일어날지 모르는 가운데 갑자기 일어난다.

지진을 막을 수 없는 것처럼 종말에는 폭동과 난동과 데모가 휩쓸고 지나가면 질서가 파괴될 것을 말한다.

무서운 집단들이 여기저기서 일어난다.

더 중요한 것은 예수 믿는 자들의 영적 상태가 해처럼 빛나는 것이 아니라 검은 상복처럼 검어지는 것이 문제다.

② 영적 대혼란에 빠진다(교회, 목회자, 성도)

해, 달, 별들이 땅에 떨어진다.

실제로 별이 떨어지고 하늘이 두루마리가 말리는 것같이 떠나가는 현상은 이 여섯째 인에서는 일어나지 않는다.

이는 새 하늘과 새 땅 시대를 맞이할 때 일어날 일이다.

그럼 무엇을 말씀하시는지 살펴보자.

③ 해는 진리를 말하고 진리는 하나님의 말씀이다

해같이 빛나야 할 진리의 말씀이 흑암의 세력에 가려져서 캄캄해질 것을 뜻한다.

❖ "검은 털로 짠 상복같이 검어지고"

검은 털은 사람의 검은 머리나 검은 말 꼬리털로 짠 상복을 말한다.

장례식 때 입는 새까만 상복과 같이 해가 검게 된다는 의미는 뭘까?

검은 상복처럼 진리는 생명력을 잃어버리게 된다는 뜻이다.

* 아모스8:9-13: "주 여호와의 말씀이니라 그날에 내가 해를 대낮에 지게 하여 백주에 땅을 캄캄하게 하며, 너희 절기를 애통으로 너희 모든 노래를 애곡으로 변하게 하며 모든 사람에게 굵은 베로 허리를 동이게 하며 모든 머리를 대머리가 되게 하며 독자의 죽음으로 말미암아 애통하듯 하게 하며 결국은 곤고한 날과 같게 하리라, 주 여호와의 말씀이니라 보라 날이 이를지라 내가 기근을 땅에 보내리니 양식이 없어 주림이 아니며 물이 없어 갈함이 아니요 여호와의 말씀을 듣지 못한 기갈이라, 사람이 이 바다에서 저 바다까지 북쪽에서 동쪽까지 비틀거리며 여호와의 말씀을 구하려고 돌아다녀도 얻지 못하니, 그날에 아름다운 처녀와 젊은 남자가 다 갈하여 쓰러지리라"

모든 것은 다 때가 있다.

말씀을 배울 수 있을 때가 귀한 때이다. 그 말씀을 가지고 자기 생명의 말씀으로 삼는 때가 더 복 있는 때다.

얼마간 이런 때를 주시지만, 곧 어두워질 것이다.

흑암의 세력에 가려져서 진리의 말씀이 캄캄해질 것이다.

진리는 하나님의 말씀인데, 진리의 말씀을 만날 수 없게 된다.

기독교가 세속화되고 육신주의, 세상주의, 혼합주의로 기울어질 때 말씀에 기근이 온다.

설교 말씀은 홍수처럼 쏟아져 나오지만, 말씀 속에 영혼을 살리는 진리가 없다는 게 문제다.

그래서 말씀을 들어도 영의 목마름과 갈증은 해갈되지 않는다.

생수에 간장, 식초, 설탕, 다 섞어 놓으면 그것이 생수이겠는가?

말세엔 말씀의 기근과 기갈이 심각한 시대가 되는 것이다.

변하지 않는 진리, 해같이 빛나는 하나님의 진리의 말씀만이 생명을 살릴 수 있는데 가려진 말씀으로는 생명을 살릴 수 없다.

④ 달은 교회를 말한다

달은 태양으로부터 빛을 받아서 그 빛으로 세상을 비춘다.

이처럼 하나님으로부터 진리의 빛을 받아서 그 빛으로 세상을 비추는 역할을 하는 것이 교회다.

그러나 여섯째인 때는 교회가 교회의 역할을 하지 못한다.

달이 성한 데가 없이 온통 피같이 된다.

피는 둘째 인에서 보듯이 살육, 죽음을 의미한다. 교회가 생명력을 잃어 버릴 것을 뜻한다.

하나님의 말씀도 육신 중심, 세상 중심으로 전하기 때문에 참된 진리의 말씀을 찾아보기 힘든 때가 되는 것이다.

세상과 교회의 경계가 무너지고 세상 것이 교회 안으로 다 들어온다. 혼탁해지는 것이다.

세상에 교회는 많아도 영적인 교회가 아니라 도덕적인 교회, 이해타산에 따른 사교적인 교회와 교인들로 바뀐다.

교회가 진리에 어두워져서 생명력을 잃을 때 세상은 죄악이 관영한다. 그러므로 세상에 죄악이 많다는 것은 믿는 자가 생명력을 잃었을 때 나타나는 현상이므로 세상을 탓하기 전에 재를 뒤집어쓰고 회개하고 말씀대로 바르게 살 문제라는 것을 인식해야 한다.

❖ 십자가 불은 밝게 들어오는데 등대 역할은 못 한다.

* 눅8:16: "누구든지 등불을 켜서 그릇으로 덮거나 평상 아래에 두지 아니하고 등경 위에 두나니 이는 들어가는 자들로 그 빛을 보게 하려 함이라"

죽어가는 영혼을 살릴 수 없다. 왜, 진리가 가려지자 교회가 생명력을 잃어버렸기 때문이다.

사데 교회처럼 살았다 하는 이름은 가졌으나 영적으로 죽어가는 교회이거나 아예 죽었다. 무엇으로 영혼을 살릴 수 있겠는가?

환히 밝혀야 하는 교회에서 진리의 말씀이 죽었고, 성도들의 영도 죽어간다. 이들은 자신의 영의 양식도 채우지 못해 헐떡이는데 무엇으로 세상 어둠을 밝히고 죽어가는 생명을 살릴 수 있겠는가?

❖ 전도가 막힌다.

교회들이 이런저런 이유로 빛을 발하지 못할 때 교회로 들어오는 자가 없다. 교회가 진리의 빛을 잃어 버릴 때 사람들의 발에 밟힐 뿐이다.

죽었으나 살아있는 척하려니 말씀이 아닌 다른 것으로 시선을 돌리게 하려고 애쓰고 사람의 마음을 빼앗고 속인다.

예수님이 성전을 깨끗이 하신 것처럼 교회 안에 있어야 할 것은 없고, 없어야 할 것만 가득하다. 다 쓸어버릴 것뿐이다.

⑤ 별은 목회자를 상징한다

* 계6:13: "하늘의 별들이 무화과나무가 대풍에 흔들려 설익은 열매가 떨어지는 것같이 땅에 떨어지며"

하늘의 별들이 땅에 떨어진다. 하늘의 별은 우주에 떠 있는 별이 아니고, 목회자다. 신실하던 목회자, 하늘에 떠 있는 별과 같이 존경받던 주의 종들이 대풍에 열매가 떨어지듯 땅에 떨어져 짓밟히고 만다.

큰 별, 작은 별 할 것 없이 땅에 떨어진다. 큰 교회, 작은 교회 할 것 없이 목회자가 설익어서 떨어진다.

누가 건드릴 수 없을 만큼 하늘에 높이 떠 있어서 세상을 밝혀주던 별들이 떨어지는 것이다.

종이 말씀을 전하면 듣는 이에게 미치는 파급효과는 마치 미사일을 쏜 것만큼이나 컸던 별들이 하늘에서 뚝뚝 떨어진다.

왜 떨어질까? 예전의 믿음과 지금의 믿음을 비교해 보면 답이 나올 것이다. 스스로 속이는 자가 되어 별들이 하나님을 두려워하지 않을 뿐 아니라 교만과 종답지 않은 행함으로 말씀의 권세도 잃고, 명예도 잃어 땅에 떨어져 세상 사람들에게 짓밟히기 때문이다.

* 마24:29: "그날 환난 후에 즉시 해가 어두워지며 달이 빛을 내지 아니하며 별들이 하늘에서 떨어지며 하늘의 권능들이 흔들리리라"

* 계3:1: "사데 교회의 사자에게 편지하라 하나님의 일곱 영과 일곱별을 가지신 이가 이르시되 내가 네 행위를 아노니 네가 살았다 하는 이름은 가졌으나 죽은 자로다"

이름만 대면 알 수 있는 주의 종들이 하늘에서 떨어져 믿지 않는 자들에 의해 짓밟힌다.

교회가 폐쇄된 것이 아니다. 겉으로 보기엔 같은 목회자가 예전처럼 말씀도 전하고 모든 것이 예전과 같다고 생각할 것이다.

성도는 더 많아지고 교회 기능도 더 많아지고 사회봉사도 더 많이 해서 살아있는 교회처럼 활발하게 움직이지만, 실상은 죽었다.

겉모습만 화려한 교회와 목자, 살았다 하는 이름만 있는 교회와 목자, 살아있는 별처럼 높이 떠 있으나 이미 죽어가는 교회와 목자일 뿐이다.

우리나라도 대형 교회들은 세습 문제와 돈 문제, 권력 싸움으로 비치면서 문제를 세상 법정으로 끌고 가 세상을 떠들썩하게 한다.

별처럼 권위 있고 우러러보던 목회자가 땅에 떨어져 세상 사람들의 입방아에 오르내리고 짓밟힌다.

작은 교회들도 돈 문제에서는 예외가 없고, 이성 문제를 일으키고, 욕심으로 가득 차 사람들의 눈살을 찌푸리게 한다.

이런 일들은 교회 들어오려는 자들을 결과적으로 막는 역할을 한다.

언제 땅에 떨어질지 모르는 별똥별과 같은 교회와 목회자가 하나님을 두려워해서 철저하게 회개하고 돌아서지 않는 한 소망이 없다.

사망선고가 내려진 것과 같은 죽은 교회와 목회자가 여섯째 인 때는 그만큼 많을 것이다.

⑥ 성도도 설익은 자는 땅에 떨어진다

시대마다 하나님의 진리를 많이 깨닫고 행하는 하나님의 종과 지혜 있는 성도들이 있다.

그런데 설익은 자는 대풍에 무화과나무 열매가 떨어지는 것과 같이 떨어진다. 떨어지는 열매는 설익은 열매라 말씀한다.

정말 진리에 있는 자가 아닌, 설익었기 때문에 떨어지는 것이다.

사람의 눈으로 봤을 때는 존경할만한 자로 보이더라도 대풍에 흔들어 보면 믿음의 진가가 나온다.

성경 공부, 제자 교육을 하고, 많은 설교를 들어 말씀을 알기는 많이 알아도 그 말씀대로 살지 않기 때문에 성도들도 설익었다(말씀 따로 행함 따로).

사람은 지식적으로 말씀을 많이 알면 그것이 곧 믿음이라 생각하지만, 하나님은 행함이 있을 때만 믿음이 있다고 말씀하신다.

믿음이 있다는 성도가 떨어져 나갈 때 믿음 없는 자들은 어찌 되겠는가?

2) 모두가 그런 것은 아니다. 빛이 되는 목자와 성도, 하나님이 인정하시는 별들도 있다

① 변치 않는 하나님의 진리 안에 있는 별들도 있다

* 눅21:12-19: "이 모든 일 전에 내 이름으로 말미암아 너희에게 손을 대어 박해하며 회당과 옥에 넘겨주며 임금들과 집권자들 앞에 끌어가려니와, 이 일이 도리어 너희에게 증거가 되리라, 그러므로 너희는 변명할 것을 미리 궁리하지 않도록 명심하라, 내가 너희를 모든 대적이 능히 대항하거나 변명할 수 없는 구변과 지혜를 너희에게 주리라, 심지어 부모와 형제와 친척과 벗이 너희를 넘겨 너희 중의 몇을 죽이게 하고, 또 너희가 내 이름으로 말미암아 모든 사람에게 미움을 받을 것이나, 너희 머리털 하나도 상하지 아니하리라, 너희의 인내로 너희 영혼을 얻으리라"

아무리 영적으로 어려운 시대라 할지라도 죽으면 죽으리라는 행함의 믿음을 소유한 진짜 하나님의 사람들, 목자, 성도가 있다.

설익은 자가 아니라 잘 익은 자, 하나님이 인정하시는 별들이다.

대풍에 떨어지는 자가 아니라 스스로 주의 영광을 위해 땅에 떨어져 열매를 맺는 자, 이런 자가 하나님이 인정하시는 별이다.

그때에는 믿지 않는 자가 아니라 믿는 자들이 하나님의 말씀을 배우고 싶고 은혜 받고 싶어도 어렵게 된다.

왜? 말씀이 세상과 혼합되어서 진짜 진리는 찾기 힘들기 때문이다.

② 여섯째 인 때 얼마나 진리를 찾기 힘든가 하면

벌써 20년 전쯤 일이다. 나는 교회를 찾기 위해 큰 교회에서 개척교회까지 말씀을 찾아 헤맨 적이 있다.

그런 수고에도 진리의 말씀을 만나기가 하늘의 별 따기 같았는데 점점 더 곤고함이 심해졌다. 이것이 말씀의 희귀 현상이다.

* 아모스8:11-12: "주 여호와의 말씀이니라 보라 날이 이를지라 내가 기근을 땅에 보내리니 양식이 없어 주림이 아니며 물이 없어 갈함이 아니요 여호와의 말씀을 듣지 못한 기갈이라, 사람이 이 바다에서 저 바다까지 북쪽에서 동쪽까지 비틀거리며 여호와의 말씀을 구하려고 돌아다녀도 얻지 못하리니"

교회는 많지만 혼합주의 교회, 하나님의 말씀, 진리만 전하는 교회가 아니라 세상 소식을 전하고 사교적인 집단으로 전락한다.

WCC, WEA 운동처럼 종교는 하나가 되어 버린다.

현재 교회는 점점 변질되어 가고 있고, 이해타산에 의해 움직여 가고 있다.

성도는 믿음보다는 여러 가지 조건 때문에 교회를 선택하고, 하나님을 무서워하고 말씀 못 지키는 것을 두려워하기는커녕 당연하게 생각한다.

그렇기에 말씀을 듣고 배우고 진정과 신령으로 예배드리는 영적인 교회와 성도를 찾아보기 힘들다.

'우리 교회는 영적인 교회다.' 또는 '우리 교회는 은사집회를 많이 하니까 영적인 교회'라고 말하는 것을 듣는다. 그러나 영적인 교회란 교회 안과 밖에서의 삶이 하나님 말씀과 언행일치가 될 때 그 교회와 성도가 영적인 것이다.

요즘 이런 얘기를 많이 듣는다. 여러 채널을 통해 설교와 은사, 간증들이 쏟아져 나오는데 들어도 채워지지 않고 갈급하다고 말한다.

점점 더 영의 갈급함으로 동에서 서로 사방팔방 말씀을 찾아 움직이는 시대가 올 것이다.

물은 많아서 넘쳐흐르는데 마실 물이 없는 것과 같다.

③ 기존 질서나 단체들도 무너지고 변동이 일어난다

하늘과 같은 권력과 권세들, 무너지지 않을 것 같았던 견고하고 요지부동하던 세력과 나라들이 한순간에 무너지고 사라질 것이다.

사람의 힘으로는 꿈쩍도 않던 세력에 변동이 생길 것이다.

여섯째 인 때는 기존 질서와 기존 세력이 파괴되는 일들이 일어난다.

④ 땅의 임금들, 왕족들, 장군들, 부자들, 강한 자들, 종과 자유인이 숨는다

* 계6:15-17: "땅의 임금들과 왕족들과 장군들과 부자들과 강한 자들과 모든 종과 자유인이 굴과 산들의 바위틈에 숨어, 산들과 바위에게 말하되 우리 위에 떨어져 보좌에 앉으신 이의 얼굴에서와 그 어린 양의 진노에서 우리를 가리라, 그들의 진노의 큰 날이 이르렀으니 누가 능히 서리요 하더라"

땅의 견고한 세력들과 지하세력들이 추풍낙엽처럼 멸망하게 된다.

이 세력들은 사탄과 연합하여 하나님을 대적하고 하나님의 백성을 미혹하여 온갖 죄를 짓게 하고, 우상숭배에 빠지게 한 세력이다.

극심한 환난과 공포에서 벗어나기 위해 몸부림치는 처절한 모습이다. 이들은 너무 두려워서 말한다.

'차라리 산과 바위가 자기들 위에 무너져 달라, 차라리 무너져서 가려 달라.' 이 말은 차라리 죽는 게 낫다는 말이다.

하루아침에 권력을 의지하던 사람은 권력이, 돈을 의지하던 사람은 돈이, 외모를 의지하던 사람은 외모가, 건강을 의지하던 사람은 건강이 자신이 의지했던 것들이 몰락할 때의 모습이다.

지위고하를 막론하고 하나님을 두려워하여 숨을 것이다.

예수 믿지 않는 사람이나 예수 믿어도 설익은 자도 포함된다.

이런 날이 오는데 이는 환난의 날이다.

3) 믿음을 어떻게 지켜야 할까?

① 그날에는 모든 사람이 낙심하여 통곡하나 건져줄 사람이 없다

평소에 믿음을 준비했다가 환난 날에 준비된 믿음으로 승리해야 한다. 이것이 구약 선지자들의 예언이며 주님도 말씀하시고, 계시록에도 말씀하신다. 이 세상 종말과 재림에 대한 말씀이 신구약 합해서 무려 사 분의 일이나 되는데 어찌 이루지 아니하시겠는가?

지금 정도는 천국이다. 더 놀랄 일들이 계속 일어날 것이다.

영적으로 어두워 기름 준비하지 못하는 가운데 종말은 치닫고 있다.

두려워하지 말고 기름 준비하고 굳건하게 믿음을 지키는 자가 되자.

② 예수님이 문 앞까지 와 계신다

* 마24:32-44: "무화과나무의 비유를 배우라 그 가지가 연하여지고 잎사귀를 내면 여름이 가까운 줄을 아나니, 이와같이 이 모든 일을 보거

든 인자가 가까이 곧 문앞에 이른 줄 알라, 내가 진실로 너희에게 말하노니 이 세대가 지나가기 전에 이 일이 다 일어나리라, 천지는 없어질지언정 내 말은 없어지지 아니하리라, 그러나 그날과 그때는 아무도 모르나니 하늘의 천사들도 아들도 모르고 오직 아버지만 아시느니라, 홍수 전에 노아가 방주에 들어가던 날까지 사람들이 먹고 마시고 장가들고 시집가고 있으면서, 홍수가 나서 그들을 다 멸하기까지 깨닫지 못하였으니 인자의 임함도 이와 같으리라, 그때에 두 사람이 밭에 있으매 한 사람은 데려가고 한사람은 버려둠을 당할 것이요, 두 여자가 맷돌질을 하고 있으매 한 사람은 데려가고 한사람은 버려둠을 당할 것이니라, 그러므로 깨어 있으라 어느 날에 너희 주가 임할는지 너희가 알지 못함이니라, 너희도 아는 바니 만일 집주인이 도둑이 어느 시간에 올 줄을 알았더라면 깨어 있어 그 집을 뚫지 못하게 하였으리라, 이러므로 너희도 준비하고 있으라 생각하지 않은 때에 인자가 오리라"

다미 선교회처럼 때와 시기를 알 수 있다는 자의 말을 믿지 말라.

그가 엄청난 능력을 행한다 해도 믿지 말라, 가짜다.

어느 때인지 사람은 정확히 알 수 없다. 알려 주신 말씀을 통해 짐작만 할 뿐이다. 깨어 있어야 주님 만날 수 있다.

깨어 있어야 노아의 때와 같이 준비할 수 있고, 두 사람이 같이 일을 해도 남는 자가 아니라 들림 받는 자가 될 수 있다.

누가 무슨 말을 해서가 아니라 성경 말씀에서 답을 찾고 흔들림 없는 믿음으로 종말을 준비하는 자가 되길 바란다.

C. 일곱째 인

1) 여섯째 인의 나머지 반 시간

여섯째 인까지 떼신 후 곧바로 일곱째 인으로 들어가지 않으시고 나눠서 일하신다.

그래서 여섯째 인 반 시간과 일곱째 인까지 묶어서 전하려 한다. 왜냐하면, 같은 일을 하시는 시간이기 때문이다.

여섯째 인의 반 시간은 해, 달, 별로 말씀하신 진리가 비진리로, 교회와 목자가 땅에 떨어지는 시대다.

하나님의 말씀이 세상과 타협하여 변질되고 교회가 세상에 짓밟혀 비웃음거리가 되고, 목회사와 성도가 세상으로 떨어지는 시대다.

이런 일들이 지나고 나면 조용한 시간이 주어진다.

조용하다고 안심해선 절대 안 된다. 더 긴장되는 시간이다.

이때 크리스천에게 가장 중요한 일을 하신다.

땅에 떨어지지 않은 하나님의 사람들을 구원하시는 인치심이 있게 된다. 이는 십사만 사천과 이방인 인치심이다.

이방인 인치심은 여섯째 인의 반 시간부터 일곱째인 때 있을 일이라 주신 말씀을 조심스럽게 전한다.

* 계7:1: "이 일후에 내가 네 천사가 땅 네 모퉁이에 선 것을 보니 땅의 사방의 바람을 붙잡아 바람으로 하여금 땅에나 바다에나 각종 나무에

붙지 못하게 하더라"

① 첫째 인부터 여섯째 인까지는 중간에 삽입부가 없다

그런데 여섯째 인이 끝나고 일곱째 인으로 바로 들어가지 않는다.

잠시 중단시키셨다.

땅 네 모퉁이를 잡고 있던 천사는 이 세상 파멸을 위해 바람을 준비하고 있다. 네 천사에게 말씀하신다. "땅이나 바다나 나무들을 해하지 말라." 혹시 거센 바람에 떨어지는 열매가 있을까 봐 땅과 바다와 나무들까지 고요하게 하신 것이다.

하나님의 인을 치기까지 아무것도 해하지 말라 하시고 인을 치신 것이 여섯째 인의 반 시간에서 일곱째 인 사이다.

종말을 살아가는 크리스천에게는 무엇보다 관심 있는 것이 인 치심일 것이다. 인 받는 것이 왜 중요할까?

한마디로 주님 오실 때 들림 받을 자이기 때문에 중요하다. 영체를 입고 공중잔치에 참여할 자이기 때문에 중요하다.

영원히 하늘나라 백성이란 표이기 때문에 중요하다.

지금부터 이 말씀을 주신대로 풀어 나가겠다.

2) 인을 친다는 것은 하나님의 사람이란 영적 표시이다

구약시대부터 여러 가지 방법으로 인을 쳐 오셨고 종말에는 휴거될 자들에게 인을 치신다.

환난에서 구원받고 들림 받을 자들이 어떤 자들인지, 말세를 사는 성도라면 인에 관한 것은 누구나 지대한 관심이 있을 수밖에 없다.

왜? 우리 모두 인치심을 꼭 받아야 하는 자들이기 때문이다.

* 계7:2-3: "또 보매 다른 천사가 살아계신 하나님의 인을 가지고 해 돋는 데로부터 올라와서 땅과 바다를 해롭게 할 권세를 받은 네 천사를 향하여 큰 소리로 외쳐, 이르되 우리가 우리 하나님의 종들의 이마에 인 치기까지 땅이나 바다나 나무를 해하지 말라하더라"

인은 하나님의 인이다. 하나님의 인은 하나님의 도장이다.

인을 찍는 곳은 들림 받을 자의 이마에 하나님의 것이란 도장을 찍으신다. 그러므로 하나님이 인을 쳤다는 것은 사탄이 해할 수 없다는 뜻이다. 완전한 하나님 것인데 누가 소유권을 주장할 수 있겠는가?

하나님이 인을 치시면 사탄은 그 인 받은 사람을 해할 수 없다. 그래서 인침을 받지 못하도록 온갖 방법을 동원해서라도 방해하는 것이다.

① 인을 받는다는 것은 들림 받는다는 증거다

하나님의 인을 받는 자만이 공중으로 들림 받는 자들이다.

② 하나님의 인을 받으면 시험의 때를 면하게 된다

* 계3:10: "네가 나의 인내의 말씀을 지켰은즉 내가 또한 너를 지켜 시험의 때를 면하게 하리니 이는 장차 온 세상에 임하여 땅에 거하는 자들을 시험할 때라"

시험의 때를 어떻게 면제받을 수 있을까?

마지막 때 이 세상은 어디를 가도 환난 가운데 있다.

믿는 자든, 믿지 않는 자든 땅에 살고 있는 모든 자가 환난 속에 있게 된다.

종말을 사는 성도들이 대환난을 겪지 않을 수 있는 곳, 시험의 때를 면할 수 있는 곳, 그곳은 바로 이 땅이 아닌 공중이다.

그래서 인침을 받은 자들이 공중으로 들려 올라가는 것이다.

사탄은 이런 상황을 너무나 잘 알고 있다.

공중으로 올라가는 순간 영체가 되고, 그곳엔 예수 그리스도가 계시기 때문에 사탄이라 할지라도 어떻게 할 수 없다.

이미 예수님의 신부가 된 영체들을 어떻게 공격할 수 있겠는가?

이 때문에 무엇보다도 말씀을 듣지 못하게 하고, 말씀이 풀어지지 못하도록 방해하는 것이다.

인을 받는 것은 말씀을 듣고 배우는 데서부터 시작되기 때문이다.

십사만 사천과 하나님의 백성들에게 인치시기 위해 잠시 동안 재앙, 파멸의 바람이 불지 못하게 붙잡아 두셨다.

파멸의 바람은 무엇을 의미할까? 환란과 전쟁이다.

이것은 폭풍전야와 같이 곧 다가올 환란의 전주곡이다.

바람 앞에 촛불처럼 풍전등화와 같은 시간은 잠시 후면 끝나고 만다.

믿음 준비 잘해서 곧 닥칠 환란을 철저히 준비해야 그래야 오는 환난을 감당할 수 있고 들림 받을 수 있다.

이 고요한 시간, 평안한 시간을 주실 때 인 맞을 준비를 잘합시다.

끝나고 나면 일곱 천사가 환난의 일곱 나팔을 불 것이다.

③ 이때 하실 일이 2가지가 있으신 것이다

하나는 십사만 사천에게 인치시는 일, 또 하나는 이방인 모두에게 인치시는 일이다.

이방인 인치심에 대해서는 성경을 깊이 봐야 알 수 있다.

숨겨놓으신 말씀이다. 결코, 겉으로 드러나게 말씀하지 않으셨기에 말씀을 열어 달라고 기도하면서 성경을 보면 열어 주실 것이다.

3) 하나님이 너는 내 것이란 구별하심은 말세에만 있는 것은 아니다

❖ 하나님은 구약시대부터 너는 내 것이란 인을 치셨다.

① 할례로 몸에 직접 표시하므로 인치셨다

* 창17:9-12: "하나님이 또 아브라함에게 이르시되 그런즉 너는 내 언약

을 지키고 네 후손도 대대로 지키라, 너희 중 남자는 다 할례를 받으라 이것이 나와 너희와 너희 후손 사이에 지킬 내 언약이니라, 너희는 표피를 베어라 이것이 나와 너희 사이의 언약의 표징이니라, 너희는 대대로 모든 남자는 집에서 난 자나 또는 너희 자손이 산 자를 막론하고 난지 팔일만에 할례를 받을 것이라"

할례는 유대인들만 받는 것으로 생각하기 쉬운데 아브라함 때부터 아브라함의 자손과 집에서 난자와 너희 자손이 산 자, 즉 종과 일꾼으로 집에 들였던 이방인에게도 할례를 행했던 것을 알 수 있다.

따라서 할례나 하나님의 인치심은 처음부터 유대인만이 아니라 하나님을 믿는 모든 이방인과 함께했던 것이다.

* 눅2:21-22: "할례 할 팔일이 되매 그 이름을 예수라 하니 곧 잉태하기 전에 천사가 일컬은 바러라, 모세의 법대로 정결예식의 날이 차매 아기를 데리고 예루살렘에 올라가니"

예수님도 팔 일 만에 할례를 받으셨다.

하나님은 하나님의 백성을 구별하는 방법으로 몸에 새기게 하셨다.

한번 칼로 몸에 새기면 없어지지 않는다.

할례는 하나님과 사람과의 약속, 하나님의 사람이라는 언약의 표징이며 인치심의 증표다.

② 어린 양의 피를 인방과 문설주에 발라 표시하므로 인치셨다

* 출12:21-23: "모세가 이스라엘 모든 장로를 불러서 그들에게 이르되 너희는 나가서 너희의 가족대로 어린 양을 택하여 유월절 양으로 잡고, 우슬초 묶음을 가져다가 그릇에 담은 피에 적셔서 그 피를 문인방과 좌우설주에 뿌리고 아침까지 한 사람도 자기 집 문밖에 나가지 말라, 여호와께서 애굽 사람들에게 재앙을 내리려고 지나가실 때에 문인방과 좌우 문설주의 피를 보시면 여호와께서 그 문을 넘으시고 멸하는 자에게 너희 집에 들어가서 너희를 치지 못하게 하실 것임이니라"

유월절 양의 피가 발라져 있는 방이나 집 안에 있는 자는 죽음이 넘어가게 하셨다.

양의 피는 신약의 그림자로써 예수 그리스도의 피를 상징하고, 예수 그리스도의 피가 사람을 살릴 것을 말씀한다.

말씀을 믿고 그대로 순종한 이스라엘 백성들은 모두 살았으나 애굽인은 어느 집이나 장자뿐 아니라 가축의 처음 난 첫 새끼까지 모두 죽었다. 피는, 너는 내 것이란 인치심이었다.

③ 물세례로 하나님의 사람임을 인치셨다

* 마3:1-6: "그때에 세례요한이 이르러 유대 광야에서 전파하여 말하되, 회개하라 천국이 가까이 왔느니라 하였으니, 그는 선지자 이사야를 통하여 말씀하신지라 일렀으되 광야에 외치는 자의 소리가 있어 이르되 너희는 주의 길을 준비하라 그가 오실 길을 곧게 하라 하였느니라, 이 요

한은 낙타털 옷을 입고 허리에 가죽 띠를 띠고 음식은 메뚜기와 석청이었더라, 이때에 예루살렘과 온 유대와 요단강 사방에서 다 그에게 나아와, 자기들의 죄를 자복하고 요단강에서 그에게 세례를 받더니"

세례는 하나님의 사람이란 인치심이다.

왜? 하나님께 죄를 회개하고 용서받았으니 천국 백성인 것이다.

신약시대의 예수 믿는 자는 누구나 받는 첫 관문이 물세례다.

물세례를 받은 후부터는 하나님의 관심도 교회의 관심도 받게 된다.

④ 예수님이 승천하신 후 성령세례로 믿는 자들에게 인치셨다

* 행1:5: "요한은 물로 세례를 베풀었으나 너희는 몇날이 못되어 성령으로 세례를 받으리라 하셨느니라"

* 엡1:13: "그 안에서 너희도 진리의 말씀 곧 너희의 구원의 복음을 듣고 그 안에서 또한 믿어 약속의 성령으로 인치심을 받았으니"

가끔 이렇게 말하는 성도를 본다.

자신은 아직 성령을 받지 못했다고. 왜 그렇게 생각하느냐고 물으면 어떤 은사도 받지 못했으니 나는 성령을 받지 못했다고 말하는 것을 듣는다.

이는 각 사람에게 임하시는 성령이 다르게 나타나거나 겉으로 나타나지 않기 때문일 것이다.

믿는 자에게 내주하시는 성령님과 성령 충만을 받은 자에게 내주하시는 성령님은 같다. 다만 임하시는 방법과 하시는 일이 다르기 때문에 그렇게 느끼는 것일 뿐 같은 성령 하나님이시다.

❖ 믿는 자에게 내주하시는 성령님

성령세례는 예수를 믿고 말씀을 듣고 배움에서 시작된다.

말씀과 기도의 부흥까지는 없지만, 예수를 구주로 받아들이고 믿는 자에게는 성령께서 조용히 그 사람에게 임재하셔서 내주하신다.

내주하신다는 말은 '성령 하나님이 나에게 오신다', '믿는 자 속에서 함께하신다', '성령님이 나와 함께하신다'는 뜻이다.

예수를 내 구주로 시인하고 믿는 자, 말씀을 깨닫고 아멘으로 받고 그 말씀대로 행하려고 노력하는 자, 이런 성도에게는 말씀대로 살 수 있도록 인도하시기 위해 내주하신다.

말씀과 예수와 성령을 부인하지 않는 한 함께하시게 된다.

그러므로 예수를 주로 시인하고 믿는 자에게는 많이 기도하지 못한다 해도 성령이 내주하시는 것이다.

이 말은 진실로 예수 믿는 자에게는 누구나 성령 하나님이 함께하시는데, 이것이 성령세례다.

내 속에서 쓴소리, 꾸지람도 하시고, 죄를 끄집어내서 그래서 회개하게도 하신다.

말씀을 깨닫게 해 주시고, 인도하신다.

내가 무엇을 해야 할지, 어떻게 살아야 할지도 깨닫게 해 주시는 분이 내 속에 계신 성령 하나님이시다.

성령 하나님이 내 안에 내주하신다는 것을 어떻게 알 수 있을까?

이는 밖에서 들리는 소리가 아니다. 내주, 내 안에 나와 함께 계시는 분이시기 때문에 내 속에서 내 안에서 말씀하시는 것을 본인만 들을 수 있다. 조용히 내 안에서 나를 인도하시고 도우시는 분이시다.

성령세례를 받고 성령이 내주하시든 성령 충만을 받고 내주하시든 같은 성령 하나님이시다. 같은 성령께서 우리를 돕고 계신 것이다.

❖ 기도하는 자에게 내주하시는 성령님

* 행2:1-4: "오순절 날이 이미 이르매 그들이 다같이 한 곳에 모였더니, 홀연히 하늘로부터 급하고 강한 바람 같은 소리가 있어 그들이 앉은 온 집에 가득하며, 마치 불의 혀처럼 갈라지는 것들이 그들에게 보여 각 사람 위에 하나씩 임하여 있더니, 그들이 다 성령의 충만함을 받고 성령이 말하게 하심을 따라 다른 언어들로 말하기를 시작하니라"

성령세례는 교회 안으로 들어와 예수 믿기로 작정한 자에게 주시지만, 성령 충만은 기도라는 행함을 요구하신다.

성령 충만은 오로지 기도에 힘쓰는 자가 받을 수 있다.

주님의 말씀대로 120여 명이 마가의 다락방에 모여 기도에 힘썼다. 이때 마치 불의 혀처럼 갈라지는 것들이 보였는데, 각 사람

위에 하나씩 임하여 있었다.

구약시대 성령은 사람 안에 내주하신 것이 아니라 특수한 사명에 의해 특정인에게만 순간순간 임재하셨다.

예수님이 승천하신 후 보내주시겠다 약속하신 성령은 모든 이에게 임하신다.

성령은 영이시다.

때문에 120여 명이라 할지라도, 아니 더 많은 인원이라 할지라도 구애받지 않으시고 동시에 임재하실 수 있다.

이때부터 성령께서는 기도하는 자에게 성령 충만으로 임하시고, 그 성령 하나님께서는 그 사람 안에 내주하시게 되었다.

지금 우리에게도 임재해 계신다.

말씀의 부흥이 와서 그 말씀 붙들고 기도하게 되면 기도의 부흥이 오고, 기도의 부흥이 오면 성령 충만을 받고, 성령 충만을 받으면 성령이 더하심으로 내주하신다.

이때 성령의 9가지 은사가 임하고 각자 받은 달란트대로 일하게 하신다. 성령 충만은 누구나 같은 방법으로 오시지 않는다.

잘 기억하지 못하지만 뜨겁게 받는 자, 말씀을 받는 자, 사명을 받는 자, 기도 중에 방언, 통변, 환상, 예언, 병 고치는 은사를 받는 자도 있다.

생각해 보면 받은 날짜는 기억하지 못해도 받은 것은 기억할 것이다.

어떻게? 열심히 기도하다 받았기 때문에 기억한다.

기도하는 자에게는 성령께서 뜨겁게 또 여러 가지 은사로 함께 하셔서 주의 일을 하게 하신다.

이 모든 것은 성령께서 하시는 일이고, 이것이 성령 충만이고 성령의 인치심이다.

⑤ 종말에는 이마에 인치신다

하나님의 사람이란 표시는 구약시대부터 계속되어 왔지만, 마지막 때는 사람의 눈에 보이지 않는 영적 표시를 한다.

영의 표시이기 때문에 사람 눈에는 보이지 않는다.

하나님의 인을 받는 자는 마지막 때를 사는 하나님의 사람들이다.

때문에 이마에 인을 받은 자는 예수님 오실 때 공중으로 들려 올라갈 자들이다.

4) 인을 치는 순서

① 먼저 십사만 사천에게 하나님의 인을 치신다

* 계7:4: "내가 인침을 받은 자의 수를 들으니 이스라엘 자손의 각 지파 중에서 인침을 받은 자들이 십사만 사천이니"

② 예수 믿는 이 세상 모든 성도에게 인을 치신다

* 마24:13: "그러나 끝까지 견디는 자는 구원을 얻으리라"

어떤 자가 인치심을 받는가 하면 끝까지 견디는 자다.

또 죽도록 충성하는 자가 인치심을 받는다.

* 계2:10: "너는 장차 받을 고난을 두려워하지 말라 볼지어다 마귀가 장차 너희 가운데서 몇 사람을 옥에 던져 시험을 받게 하리니 너희가 십일 동안 환난을 받으리라 네가 죽도록 충성하라 그리하면 내가 생명의 관을 네게 주리라"

먼저 구원받는 것, 인 받는 것이 먼저다. 인을 받아야 면류관을 받을 것이 아닌가? 우리 모두 끝까지 견디고 죽도록 충성해서 인 받고 들림 받기를 바란다.

4

인치심(십사만 사천, 이방인)

A. 십사만 사천 인치심

❖ 말도 많고 탈도 많은 십사만 사천은 누구를 말하는가?

이단들은 말한다.

자기네들만이 십사만 사천에 들어간다고 말한다.

그러다가 교인 수가 십사만 사천이 넘어가면 다시 말을 바꾼다.

이렇게 이단들은 자기들이 유리하게 말을 바꾸며 사람을 현혹시켜 모든 것을 빼앗고, 영혼도 빼앗는다. 이단에 속해있는 자들은 십사만 사천에 들어가려고 안간힘을 쓰는 것을 안다.

이단마다 자기네만 십사만 사천에 들어간다고 하면 그럼 우리나라 중에서도 이단에서만 십사만 사천이 나온난 말인가?

그들이 해외에 세운 이단 지교회들은 제외되는 것일까?

또 다른 나라는 신앙심이 좋은 크리스천이 없을까? 그래서 우리나라에서만 그것도 정통이 아닌 이단에서만 나올까? 생각해볼 일이다.

아마 다른 나라에서도 자기네 교회에서 십사만 사천이 나온다고 말하는 이단 교회들이 있을 것이다.

이렇게 이단들은 자기들에게서 십사만 사천이 나온다고 속이고, 또 들림 받을 자가 십사만 사천이라고도 하지만, 전 세계 기독교인이 얼마나 많은데 겨우 십사만 사천만 들림 받는다면 우리 같은 자는 다 죽으라는 말인가?

속지 마시기 바란다.

이단들이 말하는 자기네들에서 십사만 사천이 나오는 것도 아니고, 정통교회에서 나오는 것도 아니다. 또 다른 나라 이방인 중에서 나오는 것도 아니다. 이방인에게는 지파가 없다.

이는 영적인 지파를 말씀하심이 아니다.

그러므로 십사만 사천하고 이방인인 우리하고는 아무 상관도 없다.

그런데 이단하고 무슨 상관이 있겠는가? 속임수다.

1) 십사만사천이란 숫자는 성경에 세 군데 나온다

계7:4, 계14:1, 계14:3이다.

① 먼저 인이란 무엇인가?

* 계7:3: "이르되 우리가 우리 하나님의 종들의 이마에 인치기까지 땅이나 바다나 나무들을 해하지 말라 하더라"

인은 도장을 말하는데 도장에는 주인 이름이 새겨진다. 자신의 이름이 새겨진 도장은 자신을 대신하듯이 하나님의 인은 하나님의 일을 한다.

이 인을 어디에 쓸 것인가? 마지막 때 하나님의 사람들에게 너는 내 것이란 인을 치실 것이다.

인 맞은 사람은 들림 받아 휴거될 사람이다.

2) 십사만 사천은 누구인가?

① 십사만사천은 이스라엘 열두지파 중에서 나온다.

* 계7:4: "내가 인침을 받은 자의 수를 들으니 이스라엘 자손의 각 지파 중에서 인침을 받은 자들이 십사만 사천이니"

이스라엘 자손의 각 지파 중에서 십사만 사천이라고 분명하고 확실하게 말씀하신다. 5~8절까지 이스라엘 열두지파에서 각각 일만이천 명씩 십사만 사천이라 말씀하신다.

지금은 만인 제사장시대이기 때문에 구약시대처럼 각 지파에서 정확히 일만이천 명씩이라기보다는 이스라엘 백성 중에서 합해서 십사만 사천이 되는 것이다. 이스라엘 전체 중에서 십사만 사천이 나온다는 말이다.

분명하고 확실하게 말씀하신다. 땅에서 속량함을 받은 자, 이스라엘 열두지파에서 나온다고. 이스라엘 장자 족속에게서 나온다고 말씀하신다.

이스라엘 족속 중에서 지파 구분 없이, 남녀 구분 없이 믿음만 보시고 십사만 사천을 골라내서 인을 치실 것이다.

다시 말해 이스라엘 사람 중에서 하나님을 믿을 뿐 아니라 예수까지 믿는 사람 중에 제사장, 성도 부분 없이 십사만 사천이 나온다.

또 죽은 자가 아니라 땅에서 속량함을 받은 자 십사만 사천이라 하신다.

예수님 지상 재림하실 때 그때까지 살아있는 이스라엘 자손 중에서 구별된 자라고 분명하고 확실하게 말씀하신다.

그러므로 십사만 사천은 사람끼리 경쟁해서 받고 말고 하는 것이 아니다. 하나님이 인을 치시는 것이고, 그 기준도 하나님이 정해 놓으셨다.

유대인 중에서 이렇게 예수까지 믿는 자 중에서 십사만 사천이 나온다.

이방인 중에서, 특히 한국의 어느 이단이나 교회에서 나오는 것이 아님을 알고 속지 마시기 바란다.

② 십사만 사천이 받는 인은 누구의 인일까?

* 계14:1: "또 내가 보니 보라 어린 양이 시온 산에 섰고 그와 함께 십사만 사천이 서 있는데 그들의 이마에는 어린양의 이름과 그 아버지의 이름을 쓴 것이 있더라"

어린양의 이름과 아버지의 이름이 새겨진 인을 받는다.

다시 말해 예수 그리스도와 여호와 하나님 이름이 새겨진 인을 이마에 받는다. 이들은 하나님과 어린양에게 속한 자들이다.

이 말은 하나님을 믿는 것은 물론이고 어린양 예수를 구세주로 믿는 자다. 예수께서 인도하시는 대로 그곳이 어디든 따라가는 자다.

이들은 대대로 흠이 없이 여호와 하나님을 믿었기 때문에 아버지의 이름을 쓴 인과 예수 그리스도까지 구세주로 믿기 때문에 어린양의 이름을 쓴 인까지 이마에 받는 것이다.

어린양의 이름과 아버지의 이름이 한꺼번에 새겨질 것인지, 아님 두 번 받는 인인지는 알 수 없다. 다만 우리가 알 수 있는 건 어린양의 이름과 아버지의 이름이 쓰인다는 것뿐이다. 이들이 십사만 사천이다.

그래서 하나님과 어린 양에게 속한 자들이라 말씀하신다.

③ 지금 이스라엘 상황은 10년, 20년 전하고는 엄청나게 달라져 있다

유대인들이 기독교로 목숨 걸고 전향하고, 이들의 믿음은 죽음과 맞바꾼 순교적 믿음을 갖고 복음을 전파하고 있다.

이스라엘에서 기독교 방송을 시작했다는 소식을 전해 드린 바 있다.

기독교 방송이 몇 개나 있는 우리로서는 뭐 그리 대단하냐 말하겠지만, 이스라엘에서 기독교 방송을 내보낸다는 것은 가히 혁명이라 한다.

지금은 잠시 중단됐다고 하지만 복음은 한번 불붙으면 계속 번져 나가는 특성이 있다. 곧 다시 방송 재개될 줄 믿는다.

그만큼 죽으면 죽으리라의 믿음을 가지고 예수를 믿는 이들에겐 증거들이 수없이 나타나고 있고, 이런 유대인들이 이스라엘로 모이고 있다.

이런 믿음을 가진 자들에게서 십사만 사천이 나올 것이다.

④ 십사만 사천이 받은 인과 이방인이 받는 인이 같을까?

❖ 십사만 사천의 인침

* 계14:1: "또 내가 보니 보라 어린 양이 시온산에 섰고 그와 함께 십사만 사천이 서 있는데 그들의 이마에는 어린양의 이름과 그 아버지의 이름을 쓴 것이 있더라"

십사만 사천은 이마에 어린양의 이름과 아버지의 이름을 쓴 인을 받는다. 또 유대인 중에서도 십사만 사천에 들어가지 못한 이들도 많을 것이다. 그런 자는 우리와 같은 인을 받을 것이다.

❖ 이방인의 인침

* 계9:4: "그들에게 이르시되 땅의 풀이나 푸른 것이나 각종 수목은 해하지 말고 오직 이마에 하나님의 인침을 받지 아니한 사람들만 해하라 하시더라"

이방인은 하나님의 인을 이마에 받는다. 이방인의 인침은 하나님의 인침이다. 구분이 되는지, 그 이유에 대해 깨달음을 주셨다.

이방인은 하나님과 예수님과 성령님을 유대교인들처럼 구분해서 믿지 않는다. 하나님 하면 성부, 성자, 성령 하나님을 하나의 하나님으로 믿고 부르고 섬긴다.

그러므로 하나님의 인 안에는 어린양의 인도 성령님의 인도 포함된 것이다. 때문에 통틀어 하나님의 인을 받는 것이다.

그러나 유대인은 여호와 하나님만 믿었는데 이제는 예수 그리스도까지 믿게 되었기 때문에 하나님의 인과 어린양의 인을 같이 받는 것이란 지혜를 주셨다.

따라서 십사만 사천이 받는 인과 이방인이 받는 인은 다르다.

3) 십사만 사천은 순수 혈통이다

① 어떤 자가 십사만 사천에 속할까?

* 계14:4: "이 사람들은 여자와 더불어 더럽히지 아니하고 순결한 자라 어린 양이 어디로 인도하든지 따라가는 자며 사람 가운데에서 속량함을 받은 처음 익은 열매로 하나님과 어린양에게 속한 자들이니, 그 입에 거짓말이 없고 흠이 없는 자들이더라"

이스라엘 민족 중에서 대대로 이방인의 피가 섞이지 않은 순수 혈통, 유대인 중에서 나온다. 다른 신을 믿지 않고 하나님만 믿으며, 여자에게 더럽힘을 받지 않은 순결한 자 중에서 나온다.

대대로 모태 신앙이며, 믿음에 흠이 없는 자 중에서 나온다.

여호와 하나님을 믿는 유대교인으로 예수까지 영접한 자들로, 이제 목숨 걸고 예수를 믿는 자 가운데서 나온다.

유대인 중에서 이런 자들이 십사만 사천에 속한다.

② 유대인들은 예수를 믿지 않는데 이런 흠 없는 자들이 있을까?

이스라엘 사람 대부분은 다른 종교에 귀의하지 않은 유대교인들이다.

그들은 대대로 피가 섞이지 않은 순수 혈통을 자랑한다.

예수는 믿지 않아도 여호와 하나님을 대대로 믿어 왔다.

대대로 우상의 피가 섞이지 않고 여호와 하나님을 믿는 자 중에서 예수까지 믿는 자의 숫자를 말한다. 때문에 하나님의 이름과 예수 이름을 이마에 받는 것이다. 이들이 십사만 사천이 될 것이다.

지금도 많은 이들이 유대교에서 기독교로 개종하고 있고, 그들의 믿음은 우리와 다르게 목숨 걸고 믿는 순교적 신앙이다.

③ 현재 유대인들은 어디서 어떻게 살고 있을까?

유대인들은 미국, 유럽, 중동, 러시아 세계 여러 나라에 분포되어 살고 있다. 이들이 짐을 싸서 돌아갈 곳은 자기네 민족이 살고 있는 이스라엘이다. 막강한 재력을 가지고 유대인들이 자기 나라로 모일 것이다.

때가 되면 점점 더 많은 장자를 각 나라에서 이스라엘로 불러들이실 것이다.

❖ 이스라엘 내의 기독교인 상황

이스라엘에서는 유대교인들과 대치하면서 순교 정신으로 예수를 믿고 있고, 007작전을 능가하는 두뇌 싸움을 하면서 전도하고 있다(다큐멘타리 「회복」, 2015년).

이런 자들이 십사만 사천에 속할 것이다.

교회도 점점 늘어나고 교인 수도 많아졌다고 전한다(2020년).

이스라엘이 급변하고 있다. 때가 가까이 온 것이다.

④ 현재 유대인 수는 얼마나 될까?

이스라엘 인구는 점점 많아지고 있다.

이스라엘 포함 전 세계에 살고 있는 유대인 수는 1996년 통계 기준 1천400만 명에서 2020년 기준 1,650만 명으로 250만 명 증가했다.

그럼 이스라엘에 살고 있는 유대인 인구는 2015년도 780만 명, 2020년도 865만 명, 21년에 930만 명으로 증가 추세다.

2021년 이스라엘 인구 통계는 종교 관계없이 다 합해 930만 명이고, 출산율은 3.3명이다.

유대인의 종교를 보면 유대교 74.8%, 기독교 2%. 이슬람교 17.6%다.

유대교와 기독교를 포함하면 76.8%가 하나님을 믿는다. 왜냐하면, 선택받은 민족이란 자부심 때문일 것이다.

인 맞을 자 십사만 사천을 추려 내고도 남는 충분한 숫자다.

현재 기독교인 2%만 계산해도 이 숫자는 나온다. 지금이라도 충분한 숫자다. 앞으로 남아 있는 기간 동안 인구가 얼마나 늘어날지 또 유대인 중에서 얼마나 많은 자가 예수를 믿을지 모르지만, 그중에서 십사만 사천이다.

⑤ 이방인은 포함되지 않는다

이방인이란 유대인이 아닌 전 세계인을 말한다.

십사만 사천은 유대인 중에서 하나님과 예수를 믿는 인 맞은 수를 말한다. 분명히 말씀하시지 않는가? 이스라엘 자손의 각 지파 중에서라고.

예수 믿는 자 중에 죽은 자도 아니고, 상징적인 숫자도 아니다.

이 숫자는 실제 숫자이다. 왜 이렇게 강조하느냐 하면, 이단은 이단대로 엄청나게 강조하는 부분이고, 기존 교회와 성도들은 또 몰라서 속기 때문이다.

⑥ 십사만 사천이 왜 필요한지, 무슨 일을 할 건지에 대해서는 지상 재림 때 자세하게 전할 것이다

B. 이방인 인치심

1) 각 나라와 족속과 백성과 방언이란 세계 모든 나라에서 예수 믿는 성도를 말한다

* 계7:9: "이 일후에 내가 보니 각 나라와 족속과 백성과 방언에서 아무도 능히 셀수 없는 큰 무리가 나와 흰옷을 입고 손에 종려가지를 들고 보좌 앞과 어린 양 앞에 서서 큰 소리로 외쳐 이르되 구원하심이 보좌에 앉으신 우리 하나님과 어린양에게 있도다 하니"

① "이 일 후에"란 십사만 사천에게 인치신 후를 말씀한다

셀 수 없을 만큼 많은 무리가 흰옷을 입고 종려나무(승리, 생명) 가지를 들고 구원하심에 감사의 영광을 돌리고 있다.

이들은 언어가 다른 각 나라의 백성들이라 말씀한다.

큰 환난에서 나온 자들은 바로 이방인이다. 각국에서 각 나라 말을 하는 백성들이 예수 그리스도를 믿어 하나님 보좌에 있는 생명록에 이름이 기록됐다. 이들은 승리하고 인치심을 받는 자들이다.

13절, "이 흰옷 입은 자들이 누구며 또 어디서 왔느냐" 물으신다.

*14: "내가 말하기를 내 주여 당신이 아시나이다 하니 그가 나에게 이르되 이는 큰 환난에서 나오는 자들인데 어린 양의 피에 그 옷을 씻어 희

게 하였느니라"

그러므로 이방인 인치심은 십사만 사천 인치심이 끝나고 난 후 시작된다. 이 인은 일곱째 인까지 전 세계 그리스도인에게 치게 될 것이다. 지금은 신앙의 자유가 있어서 자신이 원하는 만큼 얼마든지 원하는 믿음 생활을 할 수 있다.

말씀을 받을 수 있고 전할 수 있는 환경과 기회가 아직 있을 때 준비를 잘해야 장차 인치심을 받고 휴거될 수 있다.

2) 일곱째 인의 나머지 시간

① 늦은 비, 마지막 은혜를 주시는 시간이다

* 계8:1-4: "일곱째 인 떼실 때에 하늘이 반시간쯤 고요하더니, 내가 보매 하나님 앞에 일곱 천사가 서 있어 일곱 나팔을 받았더라, 또 다른 천사가 와서 제단 곁에 서서 금 향로를 가지고 향을 받았으니 이는 모든 성도의 기도와 합하여 보좌 앞 금 제단에 드리고자 함이라, 향연이 성도의 기도와 함께 천사의 손으로부터 하나님 앞으로 올라가는지라"

네 천사는 잠시 동안 세상을 평온케 지켜준다. 인치실 때까지….

그리고 성도들의 마지막 기도를 보좌에 올릴 때까지 고요하게 바람을 잡고 있다. 이때는 고요함이 빨리 지나갈 것이기 때문에 하늘에서도 다음을 미리 준비하고 있다.

이때 무엇을 하실까?

인 맞을 준비가 덜 된 자에게 인을 맞을 수 있는 기회를 마지막으로 주시는 것이다. 이것이 늦은 비고, 마지막 은혜이다.

믿음에 고삐를 늦추지 마시길 바란다.

1차는 십사만 사천이 인을 받고, 그다음은 이방인과 또 유대인 중에서 십사만 사천에 들지 않은 자들이 인치심을 받는다.

이때 알곡은 알곡인데 2% 부족한 알곡들, 이대로는 인치심을 받을 수 없는 알곡을 100%로 만드시는 짧은 기간이 늦은 비 기간이다.

덜 익은 알곡을 익히는 시간이다. 이 시간을 늦은 비, 또는 마지막 은혜의 시간이라 한다.

늦은 비를 기다리는 성도의 간절함을 가끔 듣는다.

이들의 생각에는 성령의 바람이 교회마다 불 줄 기대하고 있는 것을 여러 번 들었다. 그러나 늦은 비라 말씀하신 성령은 모든 크리스천이 알 수 있도록 성령의 불길이 타오르는 은혜는 아니다.

무슨 말인가 하면 성령의 불을 받고 은사 받을 때처럼 요란하고 드러나게 오는 은혜가 아니라 조용히 개인적으로 오는 마지막 은혜이다.

회개하는 자에게 주시는 은혜이고, 2% 부족한 알곡에게 인을 받을 수 있게 도우시는 은혜다. 때문에 같은 교회를 다니거나 같이 예수를 믿어도 받는 이가 있고, 못 받는 이가 있다.

마지막 은혜는 아직 인을 받지 못한 자 중에서 덜 익은 알곡을 완전하게 여물게 해서 인을 받게 하는 기간이다.

때를 기다리며 기도하고 준비하는 자는 늦은 비 은혜를 받을 것이고, 그렇지 않은 자는 늦은 비 은혜가 오는지 가는지도 모르게 지나갈 것이다.

늦은 비 은혜를 받은 자들의 기도가 하나님 보좌로 올라가는 그때 이들은 인치심을 받을 것이다.

교회는 다니지만 믿음이 없던 자, 예전에 믿다가 믿지 않던 자, 또 이단에 속은 줄 알고 회개하고 돌아온 자가 이때 있다면 그도 인침을 받을 기회가 주어질 것이다.

좀 부족하더라도 끝까지 인내의 말씀을 지켜 꼭 인치심을 받읍시다!

② 늦은 비 은혜 없이 인을 치게 된다면 떨어질 자들이 너무 많기 때문에 특별히 이 기간을 주시는 것이다

어떤 자에게 늦은 비 은혜를 주실까?

기도하는 자에게, 하나님께 매달리며 말씀대로 살려고 애쓰고 힘쓰는 자에게, 말씀을 믿고 행하는 자에게 그러나 아직은 부족한 자에게 들림 받을 수 있는 기회를 주시는 것, 이것이 늦은 비 은혜다.

그러므로 믿지 않는 자는 해당 사항이 없다.

금은 믿음을 상징하고 향로는 향을 드리는 기구이다.

이 말은 이들이 믿음으로 드린 기도와 믿음으로 행한 행함을 모아 천사가 하나님 보좌로 올린다. 그 후 그들은 인치심을 받는다.

이것이 늦은 비다. 이 시간은 속히 지나간다.

③ 알곡은 들림 받는다

늦은 비, 마지막 성령의 은혜가 지나가면 이 세상 모든 그리스도인에게 인치심은 끝이 난다. 늦은 비 은혜가 끝나고 인치심이 모두 끝나면 천사는 곧바로 바람을 놔 버릴 것이다.

지금 하늘에서 일어나는 일을 우리는 모른다.

십사만 사천이 인을 받았는지, 우리가 인을 받았는지 전혀 알 수가 없다. 다만 마지막 은혜가 아직 오지 않았을 것이라 성경적으로 생각할 뿐이다. 그러나 이것도 확실히는 모른다.

왜? 늦은 비는 각자에게 조용히 오는 은혜이기 때문이다.

* 마24:21-22: "이는 그때에 큰 환난이 있겠음이라 창세로부터 지금까지 이런 환난이 없었고 후에도 없으리라, 그날들을 감하지 아니하면 모든 육체가 구원을 얻지 못할 것이나 그러나 택하신 자들을 위하여 그날들을 감하시리라"

다만, 그 기간을 감하신다는 말씀으로 위로를 받는다.

왜냐하면, 택함 받은 자라도 구원을 얻지 못할 만큼 견디기 힘든 시간이 올 것이기 때문이다.

④ **다시 전한다, 이방인인 우리는 언제 인치심을 받을까?**

이방인의 인은 십사만 사천을 인을 치신 후 그러니까 여섯째인 반 시간에서 일곱째인 때까지 받을 것이란 지혜를 주셨다.

십사만 사천을 뺀 모든 크리스천이 인을 받을 것이다.

마지막 은혜의 시간, 늦은 비 은혜가 끝날 때 하나님은 이 세상 이방인 인치심도 끝낼 것이다.

3) 끝까지 견디는 자는 구원받는다

① **성령 받았다고 안심해선 안 된다**

종말을 사는 성도는 마지막 순간까지 충성하며, 변함없이 믿음을 지키는 자에게만 인을 치시기 때문에 끝까지 인내해야 한다.

❖ **이단의 교주들도 처음엔 엄청난 성령의 역사를 일으켰다.**

이 말은 성령이 뜨겁게 내주하셨다는 말이다. 그러나 결과는 사탄의 종이 되었다. 수많은 사람을 지옥에 보내면서도 자신들의 믿음이 옳다고 생각한다. 영적 문둥병자가 되어 무엇이 잘못됐는지도 모르는 것이다. 그들은 성령을 받았고 성령이 역사를 했지만 지금은 어떤가?

과연 성령 하나님이 그들 속에 내주하신다고 볼 수 있는가? 그래서 처음 믿음도 중요하지만, 끝까지 변질되지 않는 믿음은 더욱 중요하다.

이렇게 변질된 자들이 많기 때문에 인치심은 거르고 걸러서 마지막에 치시는 것이다.

② 큰 환난에서 나오는 자들, 어린양의 피에 옷을 씻어 희게 된 자들이 인을 받게 된다

* 엡1:13: "그 안에서 너희도 진리의 말씀 곧 너희의 구원의 복음을 듣고 그 안에서 또한 믿어 약속의 성령으로 인치심을 받았으니"

구원은 살아 있는 말씀, 진리의 말씀에서 나온다. 살아 있는 말씀이 아니면 영을 살릴 수 없다. 때문에 예수 그리스도의 피에 죄를 씻고 깨끗하게 되어야 한다.

이 믿음이 바탕이 되지 않으면 인치심은 물 건너간다.

4) 어디에서부터 인을 치실까?

① 해 돋는 데서부터 시작된다, 어떤 의미일까?

* 계7:2-3: "또 내가 보매 다른 천사가 살아계신 하나님의 인을 가지고 해 돋는 데로부터 올라와서 땅과 바다를 해롭게 할 권세를 받은 네 천사를 향하여 큰 소리로 외쳐, 이르되 우리가 우리 하나님의 종들의 이마에 인치기까지 땅이나 바다나 나무들을 해하지 말라 하더라"

* 겔43:2: "이스라엘 하나님의 영광이 동쪽에서부터 오는데 하나님의 음성이 많은 물소리 같고 땅은 그 영광으로 말미암아 빛나니"

해 돋는 데서부터, 즉 하나님의 영광이 동편에서부터 온다.

해 돋는 데, 동쪽이라 하시니까 한국이라 말씀하시는 분들이 있다.

그래서 예수님 재림이 한국에서 이뤄질 것이라고 하지만 그런 의미는 아닌 것으로 안다.

새해 해돋이를 가는 이유가 무엇이겠는가? 가장 먼저 떠오르는 해를 보기 위해서, 가장 먼저 밝게 빛나는 해를 보기 위해서다.

이처럼 예수 그리스도를 믿는 자에게서 나오는 밝은 빛, 먼저 믿음의 빛이 빛나는 자로부터 인치는 일이 시작될 것이란 의미다.

세계 모든 민족 누구든지 예수님과 교통하고 동행하는 자로부터 시작될 것이다. 이 일이 가장 급하고 귀하기 때문에 천사들을 보내 세상에 전쟁이 일어나지 않도록 바람을 붙잡고 계시는 것이다.

② 크리스천이면 인침을 받을 수 있다는 확신을 가져도 될까?

* 계3:10: "네가 나의 인내의 말씀을 지켰은즉 내가 또한 너를 지켜 시험의 때를 면하게 하리니 이는 장차 온 세상에 임하여 땅에 거하는 자들을 시험할때라"

우리는 말씀도 듣고 배우고 기도도 한다. 성령 하나님이 내주하신다.

열심히 예수 믿는 자라면 듣고 배우고 기도한다. 우린 특별한 게 아무것도 없다. 그러므로 끝까지 인내하자.

마지막 때를 면할 수 있는 방법은 말씀 붙잡고 끝까지 인내하는 자다. 인내는 오래 참고 기다리는 것을 말한다. 양은냄비처럼 은혜받았다고 성령이 임했다고 기뻐하는 것도 좋지만, 곧 식어버리면 아무 소용이 없다. 가마솥의 곰탕처럼 예수의 향기가 점점 더 진해지고 점점 더 맛을 내고 진국을 만들어 내는 자를 말한다.

펄펄 끓는 솥 안에서 뜨겁다 못해 뼈와 살이 분리되고 살점이 떨어져 흐물흐물해지고 뼈가 녹는 것처럼 말씀에 자신을 복종시키는 인내를 할 때 시험의 때를 면하게 해 주신다.

성도에게 성령이 내주하시는 것은 기본이다, 하지만 시험의 때를 면할만한 믿음과 인내를 마지막까지 유지하지 못한다면 문제가 된다.

③ 믿음 변치 말자

믿음이 변치 않는다는 보장만 있다면 문제는 없을 것이다.

그러나 사람은 수시로 변한다. 또 믿음도 변한다.

방심하지 않도록 항상 자신을 살피고 끝까지 견뎌서 인 맞으시길 원하고 또 원한다.

이 책을 읽는 모든 분은 한 분도 빠짐없이 이마에 인 맞고 주님 오실 때 공중으로 들려 올라가시길 축복한다.

5

첫째 나팔~ 넷째 나팔

♦ 나팔 시대

나팔재앙 시대는 불의 심판시대이다.

구약시대의 나팔은 하나님이 인간사에 개입하심을 나타내고, 신약시대의 나팔은 예수 그리스도의 재림을 나타낸다.

때문에 나팔 소리는 하나님의 경고와 심판을 의미한다.

나팔재앙은 전 세계 1/3에 막대한 영향을 미치는 직접적인 심판이다.

A. 첫째 나팔재앙

1) 피 섞인 우박과 불로 땅, 수목, 풀 1/3을 태우는 재앙이다

* 계8:7: "첫째 천사가 나팔을 부니 피 섞인 우박과 불이 나와서 땅에 쏟아지매 땅의 삼분의 일 타버리고 수목의 삼분의 일도 타 버리고 각종 푸른 풀도 타 버렸더라"

① 모세 때 애굽에 내린 재앙과 비슷하나 상상을 초월한 강력한 재앙이다

* 출9:23-25: "모세가 하늘을 향하여 지팡이를 들매 여호와께서 우렛소리와 우박을 보내시고 불을 내려 땅에 달리게 하시니라 여호와께서 우박을 애굽 땅에 내리시매, 우박이 내림과 불덩이가 우박에 섞여 내림이 심히 맹렬하니 나라가 생긴 그때로부터 애굽 온 땅에는 그와 같은 일이 없었더라, 우박이 애굽 온 땅에서 사람과 짐승을 막론하고 밭에 있는 모든 것을 쳤으며 우박이 또 밭의 모든 채소를 치고 들의 모든 나무를 꺾었으되"

계시록의 첫째 나팔재앙과 모세 때의 재앙과는 양상이 비슷하다.

모세 때는 이스라엘 백성들을 출애굽 시키기 위한 애굽의 재앙이었지만, 말세엔 예수님 재림을 위한 재앙이다.

모세 때는 애굽에만 불우박이 내렸지만, 나팔재앙 때는 지구촌 어디를 막론하고 피 섞인 우박과 불이 하늘에서 비처럼 쏟아져 지구를 태우는 무시무시한 재앙이다.

같은 것 같지만 엄청나게 강력해진 것을 알 수 있다.

피 섞인 우박과 불에 대한 피해는 땅, 수목, 각종 풀 1/3이 타 죽는다. 이는 재난이고, 가난이고, 죽음이다.

지금 화산이 폭발하고 있고, 폭발 준비를 하고 있는 활화산들은 더 많다. 백두산은 세계적으로도 대단히 위험한 활화산인데, 화산 폭발 증후군은 이미 나타난 지 오래다.

사람뿐 아니라 짐승, 가축, 모든 생물의 먹거리가 땅에서 나는데 고갈되는 것이다.

* 겔38:22: "내가 또 전염병과 피로 그를 심판하며 쏟아지는 폭우와 큰 우박덩이와 불과 유황으로 그와 그 모든 부리와 그와 함께 있는 많은 백성에게 비를 내리듯 하리라"

전염병과 자연재해는 지금도 막지 못한다. 사람의 노력과 과학의 힘으로 좀 잡히는가 싶으면 조금 후면 더 거세게 다가온다.

어쩌다 이렇게 된 것이 아니라 심판으로 오는 재앙이다.

② 서서히 이런 현상을 감지할 수 있다

논과 밭에 심은 농작물과 과수와 산에 나무들 1/3이 뜨거운 태양에 타죽고 말라 죽는 현상이 일어난다.

요즘 잘 보면 산불이 났다 하면 대형 산불이다.

미국, 호주, 캐나다, 중국, 몽골, 러시아, 인도네시아에서 난 산불은 5, 6개월씩 타는 것을 볼 수 있다.

우리나라 면적의 반을 태웠다든지 여의도 면적 몇십 배를 태웠다는 뉴스를 접한다.

엄청난 산불이 세계 곳곳에서 일어나고 있다.

우리나라는 6개월씩 탈 수목도 없지만, 최근 들어 큰 산불들이 발생한다. 이렇듯 대형화재도 일어나고, 화산도 폭발하고, 불로 인한 재앙이 지구촌을 태우고 있다.

한번 불에 탄 벌거숭이산에 울창한 수목을 키우려면 몇십 년~몇백 년이 걸린다.

이 말은 지구촌은 점점 민둥산이 되고 그러면 산사태, 자연재해가 오고, 먹거리는 줄어들고, 사람과 생물이 살 곳이 못 되는 곳, 황폐하게 되어간다는 뜻이다.

각종 푸른 풀도 타버린다. 풀은 타버려도 괜찮다고 생각할지 몰라도 풀은 가축과 동물의 먹거리일 뿐 아니라 삶의 현장이다.

동물 중에는 육식성도 있는데, 이들에겐 피해가 없을까?

이들에겐 풀이 직접적인 먹거리는 아닐지라도 나무들이 불에 타 죽고 풀이 불에 타버리면 그 안에서 먹거리를 조달하던 육식성 동물들도 피해를 볼 수밖에 없다.

또한, 사람이 먹는 고기는 가축이다. 가축은 풀이나 곡물을 먹는다.

가축의 먹이인 풀이나 곡물이 불에 타서 없어지면 그들이 굶주려 죽거나 포악해진다. 먹이사슬처럼 사람도 당장 1/3 이상이 고통을 당한다.

이 생태계의 파괴를 보고, 믿는 자는 깨달아야 한다.

최후 심판의 날이 다가왔다는 것을 깨닫고 정신 차려야 한다.

점점 더 심각한 피해들이 속출한다.

나팔시대에 자비란 없다.

왜냐하면, 어차피 세상을 정리하기 위해 뒤집어엎는 재앙이기 때문이다.

③ 예수님 지상 재림하실 때 이 땅은 재사용된다

지금 이 상태로는 재사용할 수 없다.

사람도 자연파괴가 심각해서 이대로는 살 수 없다고 말한다.

하물며 예수님과 영체를 입은 하늘나라 백성들이 함께 살 나라를 어찌 이 상태로 사용하시겠는가?

영체들과 거룩하신 예수 그리스도께서 잠깐 오셨다 가시는 것이 아니라 내려오셔서 천 년 동안 사실 땅과 하늘인데, 당연히 모든 것이 정리되고 깨끗하게 돼야 한다.

이 세상에서도 재개발할 때는 엄청난 고통이 뒤따른다.

사람들의 찬성과 반대 속에서 그들이 살던 집들을 부수고, 땅을 고르고 정리하는 과정에서 이익을 보는 이도 있고, 피해를 보는 이도 있다.

원치 않는 사람들이 있어도, 밀어붙여서 터를 닦고 건물이 들어서고 새로운 도시가 형성되는 것을 본다.

공사 현장은 다 파헤쳐서 난장판이 되고, 길이 어딘지 이곳이 어딘지 모를 정도로 무질서할 뿐 아니라 시끄럽고 정신없다.

이와 마찬가지로 이 세상을 싹 뜯어고쳐야 깨끗한 곳이 되고, 천년왕국을 세울 수 있다.

사람은 중장비로 하지만, 하나님은 자연재해로 재개발하시는 것이다.

산도, 땅도, 섬도, 바다도 다 파헤쳐서 깨끗하게 정비하는 일을 하시는 것이다. 왜? 천년왕국이 들어설 곳이기 때문이다.

우리나라도 수도를 옮기는 문제를 두고 의견이 분분하다.

만약 수도를 옮긴다면 대대적인 공사를 할 것이다.

산도, 집도, 들도 다 도시계획을 할 것이고, 인근 시골 마을까지도 엄청난 개발이 이루어질 것이다.

자그마한 나라 수도를 옮긴다 해도 만만치 않은데, 천년왕국이 세워지려면 이 지구를 다 뒤집어엎는 것은 당연하다.

지금 그렇게 하고 있는 중이다.

죄가 없고 깨끗한 새로운 땅이 형성돼야 영의 나라인 천년왕국이 세워질 것이다.

④ 해 아래 새로운 것은 없다

* 전1:9-10: “이미 있던 것이 후에 다시 있겠고 이미 한 일을 후에 다시 할지라 해 아래에는 새것이 없나니, 무엇을 가리켜 이르기를 보라 이것이 새 것이라 할 것이 있으랴 우리가 있기 오래 전 세대들에도 이미 있었느니라”

“해 아래 새로운 것이 없다”는 말씀처럼 재앙도 축복도 시대마다 조금씩 변형될 뿐 출처는 같다.

점점 악해지는 세상을 보거든 주님이 문 앞까지 오셨다는 것을 알고 잠에서 깨어나야 한다.

⑤ 불이란 사람 눈에 보이는 불만 있을까? 보이지 않는 불도 있다

(인터넷 발취)

불의 온도: 적색 – 주황색 – 황색 – 황백색 – 백색– 청백색 – 청색– 마지막엔 검은색 – 흑암의 불순으로 바뀐다.

3,000도= 붉은색, 4,500도= 주황색, 6,000= 노란색, 1만도= 흰색, 2만도= 청백색. 온도가 올라갈수록 붉은색에서 점점 검은색을 띠게 된다.

❖ 사람은 ‘불’ 하면 빨간색만 생각한다.

이 세상에서도 온도에 따라 불 색깔이 다르다면 하나님이 이 땅에 불 재앙을 내리실 때 빨간색 불만 내리실까?

우리가 잘 아는 성령의 불도 우리 눈에는 보이지 않는 불이지만, 보이지 않는다고 없지 않다.

또 영원한 지옥은 흑암의 불이다. 불은 불인데 너무 검어서 아무것도 보이지 않는 불이 영원히 타는 불, 지옥 불이다.

이처럼 마지막 때는 사람 눈에 보이지 않는 불이 산과 땅, 수목을 태우는 것은 아닐까 생각해 본다.

⑥ 첫째 나팔을 불 때부터 먹거리 전쟁은 시작될 것이다

성경에서 폭동이라 말하는 데모 시위는 세계 곳곳에서 일어날 것이다.

사람들이 요구사항을 들고 거리로 쏟아져 나온다.

우리나라에서 하는 촛불이나 태극기를 들고 조용하고 품위 있게 시위하는 것도 있지만, 대부분은 말 그대로 폭동이다.

첫째 나팔 때는 땅에 있는 것들 1/3이 타죽는 재앙이다.

동물도 1/3이 죽을 것이고, 농작물과 나무와 풀 1/3이 타 죽을 것이다.

이것이 한꺼번에 올지, 순차적으로 올지는 모른다.

다만, 하나님께서 믿는 자들을 깨우시는 기간이기도 하다.

* 욥1:13-19: "하루는 욥의 자녀들이 그 맏아들의 집에서 음식을 먹으며 포도주를 마실때에, 사환이 욥에게 와서 아뢰되 소는 밭을 갈고 나귀는 그 곁에서 풀을 먹는데, 스바 사람이 갑자기 이르러 그것들을 빼앗

고 칼로 종들을 죽였나이다 나만 홀로 피하였으므로 주인께 아뢰러 왔나이다, 그가 아직 말하는 동안에 또 한 사람이 와서 아뢰되 하나님의 불이 하늘에서 떨어져서 양과 종들을 살라 버렸나이다 나만 홀로 피하였으므로 주인께 아뢰러 왔나이다, 그가 아직 말하는 동안에 또 한 사람이 와서 아뢰되 갈대아 사람이 세 무리를 지어 갑자기 낙타에게 달려들어 그것을 빼앗으며 칼로 종들을 죽였나이다 나만 홀로 피하였으므로 주인께 아뢰러 왔나이다, 그가 아직 말하는 동안에 또 한 사람이 와서 아뢰되 주인의 자녀들이 그들의 맏아들의 집에서 음식을 먹으며 포도주를 마시는데, 거친 들에서 큰 바람이 와서 집 네 모퉁이를 치매 그 청년들 위에 무너지므로 그들이 죽었나이다 나만 홀로 피하였으므로 주인께 아뢰러 왔나이다 한지라"

욥에게 닥친 불, 전쟁, 태풍의 재앙처럼 한꺼번에 올 수도 있다.

그러므로 순차적으로 오기를 기도하면서도 한꺼번에 닥칠 재앙도 준비해야 한다.

* 계6:6: "내가 네 생물 사이로부터 나는 듯한 음성을 들으니 이르되 한 데나리온에 밀 한되요 한 데나리온에 보리 석되로다 또 감람유와 포도주는 해치지 말라 하더라"

무엇으로 살아가겠는가? 점점 마지막 시대로 달려가고 있다.

그러나 심판의 형벌이긴 하지만, 하나님의 진노를 깨닫고 회개하게 하시려는 하나님의 의도이시다.

아직 소망은 있다.

포도원에 일 끝나기 한 시간 전에 들어간 사람도 있듯이 이때 하나님의 인을 받는 사람이 있는지는 모른다(아직 휴거 전이니까).

만약 이때도 인 맞는 자가 있다면 그들을 깨우시는 것이고, 이미 끝났다면 도피성, 보호처에 들어갈 사람을 깨우시는 것일 것이다.

또 주석에는 이렇게 말씀한다.

땅은 죄인들의 거처를 말하고 수목은 대인들, 유력한 인사들을 말하고 푸른 풀은 평민을 말한다고 기록되어 있다.

사람도 3종류가 있다. 신령한 믿음의 길을 걷는 자, 불신자, 중간에 걸쳐 있는 자가 있다고 전한다.

신령한 자나 불신자는 확실한 노선을 걷는 자들이다.

문제는 중간에 걸쳐있는 자이다. 마귀에게 아주 먹힌 것도 아니요, 마귀의 손아귀에서 벗어난 것도 아니기 때문에 마귀는 중간에 있는 자들을 잡으려고 늘 공격한다.

마귀는 이들에게 쉴 틈 없이 죄를 짓도록 역사하고, 죄를 지으면 가책을 느껴 끊임없이 괴로움을 당하게 된다.

어중간하게 걸쳐 있어서 영적인 길을 걷자니 힘들고 죄를 지으면 책망이 오기 때문에 가장 힘들게 신앙생활을 하는 자들이다.

첫째 나팔재앙은 최후 심판의 전조로써 땅에 사는 생태계 1/3이 파괴되는 재앙이다.

B. 둘째 나팔재앙

1) 바다 1/3이 파괴된다

* 계8:8-9: "둘째 천사가 나팔을 부니 불붙는 큰 산과 같은 것이 바다에 던져지매 바다의 삼분의 일이 피가 되고, 바다 가운데 생명 가진 피조물들의 삼분의 일이 죽고 배들의 삼분의 일이 깨지더라"

① 불붙은 큰 산과 같은 것이 바다에 던져진다

불붙는 큰 산처럼 보이는 것은 무엇일까?

생김새에 주의해 보라. 이는 화산 폭발이다.

높은 산이 녹아내려 바다에 떨어지면서 지진과 용암이 터져 불바다가 된다. 이때 물고기와 생물 1/3이 죽음으로 진짜 피바다가 될 것을 말씀한다.

수온이 1도만 높아도 물고기들이 죽는다.

하물며 화산 폭발에 바다 지층이 갈라지면서 쏟아져 나오는 용암에 견딜, 바다 생물들이 어디 있겠는가?

근처에서 먹이를 찾던 물고기들이 죽고 현장에서 멀리 떨어진 물고기들이 겨우겨우 살아남을 것이다.

바다 1/3이 피가 될 정도면 화산 한둘 폭발이 아니라 많은 활화산이 동시다발적으로 폭발하기에 바다 1/3이 죽는 것이다.

용암이 피처럼 흐르고, 물고기가 피를 흘리며 죽고, 산호와 바닷속에 사는 풀들을 포함한 생물 1/3이 죽기 때문에 바다는 그야말로 피가 낭자하게 된다. 전 세계 바다 생물 삼 분의 일이 죽는다.

② 바다를 지나가던 여객선, 화물선, 고깃배가 깨지고, 바다에 있던 사람 1/3이 죽는다

북한은 미사일을 바다에 쏴 올리며 맹연습하고 협박한다.

아예 잠수함을 타고 돌아다니며 쏴 올리는 연습을 하고 있다.

북한이 직접적으로 한반도의 바다나 미국을 향해 바다에 미사일을 쏘아대면 어찌 될까? 미국 또한 가만있지 않을 것이다. 우리라고 가만있겠는가?

아직은 자기들의 이익을 관철시키기 위해 바다에 쏘아 대지만, 성경적으로 보면 아직 때가 되지 않았기 때문이다.

③ 한편으로는 세상 세력과 기관들, 단체들이 무너진다

진짜 바다뿐만이 아니라 큰 산과 같이 크고 견고한 세력들과 사람이 무너트릴 수 없을 것 같은 세상 모든 권력도 하나님의 심판을 받아 1/3이 변동하고 무너져 내릴 것이다.

이들은 불붙은 큰 산처럼 파괴되고 지진과 같이 갈라져 산산조각 나서 존재 가치가 없어질 것이다.

탄탄해서 무너지지 않을 것 같았던 나라나 세력이 하나님의 뜻에 의해 무너져 내린다면 바다에서 살던 물고기가 살 수 없는 것처럼 모든 나라와 사람들이 엄청난 고통을 받을 것이다.

이 세상 모든 나라의 1/3이 죽음과 같은 고통을 당하거나 나라가 붕괴되어 패닉 상태가 될 것이다.

모든 권력이 죽음과 같이 몰락할 것이다.

결국, 세상에 기둥처럼 버티고 있던 단체들과 나라들과 유명 인사들도 버티지 못하고 무너져 내리는 것이 둘째 나팔재앙 때이다.

④ 큰 세력들이 무너지면 모든 것이 바뀔 것이다

이 재앙은 심판의 전조에 불과하다.

이때도 하나님은 회개하고 주께 돌아오기를 간절히 기다리고 계신다. 요즘 미국과 중국이 그리고 러시아가 삐꺽거리는 소리를 낸다.

이처럼 강대국들이 서로 부딪힌다면 세계는 대혼란에 빠질 것이다.

특히 한국은 미국이나 중국이 기침만 해도 감기가 온다는 말이 있다.

그 정도로 의존도가 높다는 말인데, 이는 우리나라뿐만은 아니다.

세계 모든 나라가 혼돈이 올 것이다.

방송에서 이런 프로를 한 적이 있었다.

집 안과 자기가 가지고 있는 물건 중 국산이 아닌 것을 다 골라 내고 '국산만 가지고 살기'란 프로가 있었다.

몇 나라 가정을 대상으로 한 프로였는데, 그들은 대수롭지 않게 생각하고 이 프로에 임했다.

'우리 집에는 별로 없을 것 같은데, 한두 개나 될까?' 이렇게 시작했다.

하나씩 하나씩 떼어내기 시작하는데 냉장고, TV, 세탁기, 컴퓨터 등 자기네 나라 제품이 아닌 것들이 하나씩 둘씩 집 밖으로 나왔다.

옷, 신발, 심지어 형광등까지도 중국이나 외국산이 나라마다 많았다.

다 빼고 나니 집 안이 텅 비었다.

마치 이사 나간 집처럼 밤에는 형광등이 없어 불을 켤 수 없었고, 밥도 할 수 없고, 밥그릇도 없고, 옷도 없고, 심지어 목욕 제품도 자기네 나라 제품이 아니라서 샤워도 할 수 없었던 것을 봤다.

그중에 가장 많은 나라 제품이 중국산이었다.

둘째 나팔이 불면 이와 비슷한 대혼란이 올 것이다.

C. 셋째 나팔재앙

1) 횃불같이 타는 큰 별이 강과 여러 물샘에 떨어진다

* 계8:10-11: “셋째 천사가 나팔을 부니 횃불같이 타는 큰 별이 하늘에서 떨어져 강들의 삼분의 일과 여러 샘물에 떨어지니, 이 별 이름은 쓴 쑥이라 물의 삼분의 일이 쓴 쑥이 되매 그 물이 쓴 물이 되므로 많은 사람이 죽더라”

① 강과 샘물 1/3이 쓴물이 되는 재앙이다

횃불같이 타는 큰 별이 하늘에서 강과 샘물에 떨어진다. 횃불같이 타는 별이란 무엇이겠는가? 미사일이다.

미사일과 같은 최신 무기가 강과 샘물에 떨어질 것을 말씀한다.

미사일이 강에 떨어지면 하나만 떨어지겠는가? 서로 쏘아대는 전쟁이다. 멸망의 징조이다.

둘째 나팔 때 바다에 떨어진 화산 폭발보다 위력이 훨씬 더 강력한 횃불같이 타는 큰 별, 미사일이 강에 떨어진다.

바다보다 강에 떨어지는 것이 사람에겐 더 위험하다.

왜냐하면, 강 주변에는 어디나 사람이 모여 살기 때문에 더 위험하다.

그렇지 않아도 땅 1/3이 타고, 바다 1/3이 죽었는데 이제는 강과 샘물 1/3이 쓴 물이 된다. (미사일은 이미 준비되어 있다.)

어느 나라나 전쟁으로 미사일을 강에 떨어트리면 인명피해는 상상을 초월할 것이다.

물론 이때도 강 주변의 수많은 사람이 죽지만, 세계 인구 1/3이 죽음은 아니다. 왜냐하면, 횃불같이 타는 큰 별이 떨어지는 목표 지점이 어디냐에 달려 있는데, 땅이 아니라 강과 샘물에 떨어지기 때문이다.

② 현대인의 식수는 강물이다

이번에 수돗물에서 유충이 나왔다. 한 집에서만 나온 것이 아니다.

같은 물을 정수해서 수도관을 통해 각 집으로 들어가는 물은 한 집에서 벌레가 나오면 그 물을 공급받는 집은 모두가 같은 현상이 나타나는 것이다.

또 벌레가 나오지 않았어도 같은 정수장 물을 공급받는다면 결국 같은 물을 마시는 것이다.

이와 같이 사람이 식수로 사용하는 강물과 샘마다 쓴물이 되면 그 물을 마시는 자는 죽는다.

사람이 마실 식수가 죽은 물이 된다면 어찌 될까?

③ 큰 별이(주의 종) 강과 여러 샘에 떨어진다

별은 하늘에 떠서 어둠을 밝혀주고 빛을 발하는 사명인데, 별이 강물에 떨어지고 샘물에 떨어지면 그 사명은 끝난 것이다.

마지막 시대에는 하나님의 종들이 첫째 나팔과 둘째 나팔을 지나면서 셋째 나팔 때는 타락도 문제지만, 더 큰 문제가 있다.

가난해서 기근 때문에 하나님의 말씀을 쓰게 만드는 것이다.

땅 1/3이 타서 먹거리가 없고, 바다 생물들도 1/3이나 죽었으니 재정이 어려운 교회들은 버틸 수가 없다.

그러지 않아도 이런 교회들은 근근이 버티는데 기근이 오면 살아남기가 힘들다.

결국, 많은 교회가 사탄의 꼭두각시가 되는 길을 택하게 될 것이다.

말씀이 쓰면 영을 살리는 진리의 말씀은 변질된다.

변질된 말씀을 먹는 성도의 심령은 고통을 받게 되고 결국 영이 죽게 된다.

성경을 가지고 설교하지만 성경의 진리를 변질시켜서 죄는 죄가 아닌 것으로, 죄가 아닌 것은 죄로 둔갑시켜 전할 수밖에 없게 되는 것이다.

마지막 시대에는 꼭 이단이 아니어도 교회들이 타락한다.

기근 때문이다. 알면서도 눈물을 흘리며 따라가고, 몰라도 다들 가는 길이니 따라갈 것이다.

④ 쓴맛은 불순종에 대한 심판이다

하나님을 의식하지 않고 성도를 의식하고, 성도들의 입맛과 위정자들의 입맛을 고려해 말씀을 전한다.

시대를 따라, 시대에 맞게 믿어야 한다고 주장하고, 성경대로 믿는 사람을 비방한다. 그렇게 믿어도 된다고 성경 어디에 말씀하시는가?

이렇게 변질된 물, 변질된 말씀을 먹으면 생명을 살리는 물이 아니라 심령이 죽게 되는 쓴물을 먹는 것이다.

실제로 그 쓴물을 먹고 많은 성도의 영이 죽게 된다.

하나님에 대한 불신과 죄악 된 세상에 내리시는 심판이다.

전하는 자나 듣는 자나 정신 차리지 않으면 그 심판은 곧 자신이 받게 될 것이다.

⑤ 생명을 살리는 물은 쓴물이 아니라 단물이다

* 계10:10: "내가 천사의 손에서 작은 두루마리를 갖다 먹어 버리니 내 입에는 꿀같이 다나 먹은 후에는 내 배에서는 쓰게 되더라"

입에서도 달고 배에서도 단것은 가짜다. 입에는 달고 배에 들어가서는 쓴 것이 진짜다.

진리의 단 말씀을 먹어봤는가? 정말 입에서 침이 고일 정도로 달아서 꿀꺽꿀꺽 삼키게 된다.

진리의 말씀을 받으면 성령의 감동이 있고, 영적 기쁨이 있다.

그래서 달다고 말씀한다. 그러나 그 말씀을 순종하려면 십자가의 고난이 오고, 나를 버려야 순종할 수 있기 때문에 배에서 쓴 것이다.

마지막 시대는 말씀이 홍수처럼 쏟아져 나오는 시대다.

물은 있되 마실 수 없는 물, 마시면 죽는 물, 쓴물이 쏟아져 나온다.

쓴물을 마신 자는 죽는다.

실제로 죽기도 하지만, 그것보다는 영이 죽는다.

물은 생명인데 쓴물을 성도들이 마시고 어찌 영이 살 수 있겠는가?

많은 사람이 죽는다.

유명한 목회자나 은사자가 쓴물을 내면 추종하는 목회자들이 따라서 쓴물을 내게 되고, 그 쓴물을 마신 성도들은 병에 걸리거나 죽어간다.

따라서 진리가 점점 어두워지게 되는 것이다.

⑥ 목회자와 성도가 떠나간다

목사님들이 하늘에서 떨어져 믿지 않는 사람들 입에까지 오르내리며 짓밟혔다.

자녀에게 담임목사 승계, WCC나 WEA 가입, 정치와 결합, 이성 문제, 돈 문제, 세상 권력을 잡으려는 등등 하늘에 높이 떠서 존경받아야 할 성직자가 땅에 떨어져 세상 사람들의 입방아에 오르내린다.

큰 교회, 작은 교회 할 것 없이 하나님을 두려워하지 않고 하나님 사업이 아닌 세상 사업을 하며 세상 재판으로 판결을 받는 경지에까지 가고 있다. 이런 일이 있을 때마다 믿음 약한 성도들은 교회를 떠났다.

물이 없는 곳으로 가면 죽는데 많은 이들이 환멸을 느끼고 떠나간다.

결국, 마지막 시대의 문제는 성도의 영이 죽어간다는 것이다.

이런 모습을 보고 교회를 떠나 천주교로, 불교로, 이단으로, 무교로 돌아가는 자들이 많은데 이들의 영혼을 어디 가서 찾을 수 있을까…?

이제 시간이 없는데 늦기 전에 다시 예수를 믿게 할 수는 있을까 걱정이다.

믿음은 1:1 하나님과 나와의 관계다.

재난과 기근, 어려운 환경 속에서도 하나님의 말씀 앞에 죽으면 죽으리라 순종할 수 있는 믿음을 준비할 수 있기를 축복한다.

D. 넷째 나팔재앙

1) 해 달 별 1/3이 어두워진다.

* 계8:12: "네째 천사가 나팔을 부니 해 삼분의 일과 달 삼분의 일과 별 삼분의 일이 타격을 받아 그 삼분의 일이 어두워지니 낮 삼분의 일은 비추임이 없고 밤도 그러하더라"

① 이전에 모세 때도 흑암 재앙이 있었다

* 출10:21-23: "여호와께서 모세에게 이르시되 하늘을 향하여 네 손을 내밀어 애굽 땅 위에 흑암이 있게 하라 곧 더듬을 만한 흑암이라, 모세가 하늘을 향하여 손을 내밀매 캄캄한 흑암이 삼일 동안 애굽 온 땅에 있어서, 그 동안은 사람들이 서로 볼 수 없으며 자기 처소에서 일어나는 자가 없으되 이스라엘 자손들이 거주하는 곳에는 빛이 있었더라"
* 아모스8:9: "주 여호와의 말씀이니라 그 날에 내가 해를 대낮에 지게 하여 백주에 땅을 캄캄하게 하며"

넷째 나팔재앙 때는 애굽에 내린 흑암 재앙과도 흡사하다.

예수님이 십자가에서 돌아가실 때도 온 땅에 어둠이 뒤덮었다.

* 막15:33-34: "제 육시가 되매 온 땅에 어둠이 임하여 제 구시까지 계속되더니, 제 구시에 예수께서 크게 소리 지르시되 엘리 엘리 라마 사박다니 하시니 이를 번역하면 나의 하나님 나의 하나님 어찌하여 나를 버

리셨나이까 하는 뜻이라"

육시는 낮 12시를 말하고, 구시는 오후 3시를 말한다.

가장 밝은 대낮에 온 땅이 어두워졌다는 말씀은 은유적인 표현이 아니라 실제 십자가 사건 때 일어난 일이다.

모세 때는 3일, 예수님 때는 3시간의 어둠이었으나 넷째 나팔 재앙 때는 회복 없이 해, 달, 별이 1/3씩 빛을 내지 못하고 어두워진다.

이렇게 되면 모든 만물이 살기 힘든 자연이 되고 한파가 닥친다.

씨앗을 뿌려도 곡물이 열매 맺지 못하고 타 죽거나 얼어 죽거나 한다(극심한 기근).

실제로 해와 달이 어두워지고 있다.

과학적으로도 증명된 것인데 달은 1년에 3.5cm씩 지구에서 멀어진다. 멀어진다는 것은 그만큼 어두워진다는 말과 같다.

별은 40, 50년 전만 해도 정말 밤에 별이 쏟아지듯 반짝였다.

그 별빛에 비하면 지금은 전깃불이 있으니 어둡다는 생각을 못하고 살지만, 만약 밤에 전깃불이 없다면 더듬더듬하지 않을까 생각해 본다. 그만큼 어두워졌다.

해도 달도 별도 미세먼지, 황사로 인해 낮에도, 밤에도 1/3 밝기도 안 되는 때가 더 많다.

가끔 청명한 하늘을 보면 기분이 좋아질 만큼 깨끗하게 맑은 날은 심히 적다.

사람이 하나님을 잘못 섬겼고, 자연과 모든 생물을 정복하고 다스리라는 말씀에 불순종하면서 자연을 혹사시키고 인간의 이익만 챙겼다.

그러므로 자연과 모든 생명체가 죽어갈 때 그 고통은 부메랑이 되어 사람이 고통을 받고 심판을 받게 되는 것이다.

② 진리(성경 말씀) **1/3이 어두워진다**

해는 진리, 달은 교회, 별은 주의 종과 지혜 있는 성도를 말한다.

여섯째인 때 해가 검어지고, 달은 피같이 되고, 별들은 설익은 열매처럼 땅에 떨어졌다. 이때 진리는 빛을 발하지 못하고, 교회는 영적으로 죽고, 목회자들은 설익은 열매처럼 땅에 떨어졌다.

이미 폭격을 맞은 것과 같이 극복하지 못한 영적 상태에서 또다시 하나님의 말씀인 진리, 교회, 주의 종들이 영적으로 어두워진다.

이때 교회는 교회 역할을 못 하고 영적으로 어둠 속에서 헤매게 된다.

몇십 년 전만 해도 어느 교회를 가도 은혜가 넘쳤다.

지금은 어느 교회를 가도 은혜가 안 되고 사람 냄새, 돈 냄새, 세상 냄새만 진동한다. 떨어진 별들의 영향을 받았기 때문이다.

교회와 목회자들이 정신 차리지 않으면 안 되는 시대이다.

성도들도 어중간하게 예수를 믿는 자들은 마귀가 이들을 잡으려고 쉴 새 없이 역사한다. 때문에 성도들도 영적으로 지혜로워야 한다.

아무 교회나 어떤 이단이라도 나만 잘 믿으면 된다고 생각하는 것은 위험천만하다.

이는 큰 교회, 작은 교회를 말함이 아니라 진리를 바르게 전파하는 교회에 나가서 바른 진리의 말씀을 배워 예수를 바로 믿고 올바르게 순종해야 영이 산다는 말씀이다.

바른 진리를 갖지 못한 교파나 교회에서는 아무리 제대로 믿으려 해도 그 제단에서 나오는 쓴물을 마실 수밖에 없으므로 믿음도 왜곡될 수밖에 없다.

바르지 못한 교훈은 헛된 것이다.

진리가 어두워지면 빛을 비추지 못한다. 교회나 목회자, 성도가 빛을 발하지 못하는 상태에 빠진다.

그러므로 이 세상이 어두워지고, 어지러운 세상이 된다.

그러면 두렵고 무서운 세상이 된다.

종들이 떨어지는데 성도라고 온전하겠는가?

첫째 나팔~넷째 나팔까지의 공통점은 하나님이 만드신 창조물 1/3이 죽는다는 것이다. 다만, 사람만은 아직 1/3까지는 죽이지 않으신다.

이는 상징이 아닌 실제로 성취될 하나님의 재앙인 것이다.

예수 믿는 자는 어떤 믿음 생활을 해야 할까 심각하게 고민하고, 기도해야 할 시대이다.

6

1차 청함, 2차 택함

계시록하고는 동떨어진 말씀같이 생각될 수도 있을 것이다.

청함과 택함에 대한 말씀을 왜, 계시록 시간에 전하느냐 의아해 하시는 분들이 있을지 몰라 그 이유를 전한다.

이유는 전도의 문은 이 세상 끝까지 열려 있는 것이 아니기 때문이다.

믿지 않는 자에게 전도할 수 있고, 그분들이 복음을 받아들여 천국 갈 수 있는 기간은 언제까지일까?

복음을 받아들이는 것은 아무 때나 무한정의 시간이 있는 건 아니다.

믿는 자도 때가 되면 알곡만 천국 곳간에 들이신다.

교회에 다니는 모양만 갖춘 쭉정이나 반쭉정이는 버려진다.

하물며 믿지 않는 자라고 무한정 기다려 주시겠는가? 따라서 청함에 응할 수 있고 그래서 예수를 믿을 수 있는 시간은 정해져 있고, 그 시간은 점점 지나가고 있다.

◆ **전도자가 전도할 수 있는 마지막 시간도 얼마 남지 않았다.**

이 마지막 전도의 문이 닫히려는 순간 예수를 믿을 수 있는 자는 극히 소수일 것이다. 그래서 마지막 전도할 수 있는 기간을 놓치지 말고 힘써 전해야 하는 사명이 우리 모두에게 있다.

전도할 대상을 놓고 기도하는 태신자가 있거나 지금 막 전도해서 교회 다니는 자가 있다면 빨리 성장시키지 않으면 위험하다.

왜냐하면, 믿음은 그리 빨리 자라지 않기 때문이다.

다시 전한다.

믿지 않는 자들에게는 이 기간이 마지막 복음을 받아들일 수 있는 기간이다. 이들에겐 예수 믿고 천국 갈 수 있는 마지막 기간이다.

또 전도하는 자에게는 태신자를 품고 있거나 전도하려고 애쓰고 힘쓰는 성도들에게도 마지막 전도할 수 있는 기간이다.

마지막 때를 사는 자가 아니라면 죽는 순간까지도 예수 믿을 기회가 있지만, 마지막 때를 사는 자들에겐 예수 믿을 수 있는 기간은 정해져 있다.

따라서 이 기간이 지나면 전도하고 싶어도 전도할 수도 없고, 전도한다 해도 믿는 이도 없게 된다. 오히려 전도하면 화를 당하게 된다.

그러므로 우리 모두는 전도자로서 청함에 대한 말씀은 꼭 알아야 한다.

그런가 하면 이 땅에서는 순교자와 구원자의 수가 차고, 하늘에서는 우리의 거처가 예비 되면 예수님은 공중 재림하신다.

얼마 남지 않은 기간 동안 한 사람이라도 더 전도해야 할 사명이 믿는 자 모두에게 있는 것이다.

♦ 만인 구원설과 선택설

만인 구원설과 선택설에 대해서는 교파마다 지향하는 설이 다르다.

만인 구원설은 세상 모든 사람을 구원하신다는 설이고, 선택설은 선택받은 자만 구원하신다는 설이다.

성경에는 만인 구원설과 선택설에 관한 말씀이 함께 기록돼 있다.

그러다 보니 각자 보는 관점이 다르고, 주장하는 설도 다르다.

이렇게 서로 다른 설을 주장하게 되면 구원에 관한 말씀은 하나님의 의도를 벗어날 수밖에 없다.

이 부분에 대해 주신 말씀을 전하려 한다.

A. 1차 청함, 2차 선택

1) 만인 구원설(1차 청함)

① 만인 구원설이란 1차 청함과 같은 의미다

* 엡1:4: "곧 창세 전에 그리스도 안에서 우리를 택하사 우리로 사랑 안에서 그 앞에 거룩하고 흠이 없게 하시려고"

하나님은 사람이 이 세상에 태어날 때 누구나 육인 몸 안에 영을 하나씩 넣어 주셨다. 그 영은 하나님께 사명을 받고 각 사람에게 들어간다.

육을 잘 인도해서 예수를 믿고 하나님께 영광을 돌리며 살다가 육이 죽는 날 다시 하나님 아버지께로 돌아오라는 사명이다.

그러나 죄성이 강한 육은 마음에서 말하는 영의 소리를 들으려 하지 않고, 세상에 취해 제멋대로 사는 것을 좋아한다.

그 결과에 대한 책임을 육체만 지면 좋겠지만 안타깝게도 그 사람의 영도 함께 지게 된다. 책임의 결과로 그 영은 천국, 아니면 지옥으로 가게 되는 것이다.

❖ 누구나 구원받을 수 있다.

* 요3:16: "하나님이 세상을 이처럼 사랑하사 독생자를 주셨으니 이는 그를 믿는 자마다 멸망하지 않고 영생을 얻게 하려 하심이라"

* 행2:21: "누구든지 주의 이름을 부르는 자는 구원을 받으리라 하였느니라"

이 복음은 특정 나라나 특정인만을 선택해서 구원받게 하신다는 말씀이 아니다. 시대, 나라, 인종, 빈부, 죄를 가리지 않고 말 그대로 누구든지 예수를 믿으면 천국 갈 수 있도록 천국 문을 활짝 열어놔 주셨다.

그러므로 만인 구원설인 1차 청함은 이 세상 모든 사람에게 예수를 믿으라 그리하면 누구든지 구원받는다는 간단하고도 확실한 구원의 원리를 말씀하셨다.

❖ 예수를 믿을 수 없는 나라나 알지 못하는 부족들은 어찌 될까?

* 마24:14: "이 천국 복음이 모든 민족에게 증언되기 위하여 온 세상에 전파되리니 그제야 끝이 오리라"

천국복음이 모든 민족에게 전파되면 그제야 끝이 온다고 말씀하셨다. 이 세상 모든 사람에게, 다시 말해 이 세상 사람 78억 모두에게 전파되면 세상 종말이 온다고 말씀하지 않으셨다. "모든 민족에게 전파되면"이라 하셨다. 이는 이 세상 모든 민족에게 복음이 전파되지만, 모든 사람에게는 아닐 수 있다는 말씀이다.

예를 들면 우리나라 사람 중에 예수를 믿지 않는 사람이라 할지라도 교회를 모르거나 예수를 모르는 사람은 없을 것이다.

전도를 한 번도 받아보지 못한 사람은 있을지라도 교회가 무얼 하는 곳인지 모르는 자는 없을 것이다.

이 말은 예수를 믿으려 한다면 전도를 받았든 아니든 얼마든지 믿을 수 있다는 말이다.

이와 같이 다른 민족에게도 기독교가 들어가긴 했지만 예수를 모르는 자도 있을 것이고, 전도를 받아본 적이 없는 자도 있을 것이다.

하지만 1차 청함인 자신의 영의 소리에 순종하면 어떤 방법을 동원해서라도 믿을 수 있는 길을 여신다는 말씀이다.

그래서 민족이라 말씀하셨고, 어느 민족이냐면 "이 세상 모든 민족에 전파되면"이라 말씀하셨다.

그러므로 이 세상에 태어난 사람이라면 그 누구라도 예수 믿고 천국으로 돌아갈 수 있도록 초대장을 받아들고 태어난 것이다.

이렇게 하나님은 처음부터 모든 사람을 부르셨기 때문에 믿든지 아니 믿든지, 그다음은 사람이 스스로 선택할 문제다.

주께 오는 자는 내쫓지 않으실 것이요, 오지 않는 자는 버림을 당할 것이다.

교회가 멀어서 믿지 못하는 것도 아니고, 전도하는 이가 꼭 있어야만 예수를 믿는 것도 아니다. 또 교회를 스스로 찾아가서 믿는 자는 의외로 많다. 마음에 끌림이 올 때나 조용히 내 속에서 말씀하시는 소리를 듣고 순종하면 전도자를 보내주시기도 하고, 성령께서 직접 그를 인도하시기도 하신다.

하나님은 어떤 방법을 통해서든, 순종하는 자와 예수를 알고 싶어 하는 자에게는 방법을 알려 주시고, 주께로 오는 길을 열어 주신다. 이런 사람은 한 사람도 놓치지 않으신다.

지금 시대는 불교 국가라 할지라도 기독교를 알고, 이슬람국가라 해도 믿는 자가 있고, 중국에도 복음이 들어가 믿는 자는 뜨겁게 믿는다.

북한에도 어떤 방법을 통해서든 믿게 하시는 것을 본다.

이 말은 하나님이 누구신가를 민족적으로 알게 되고, 지식적으로 알 때 그때 오시겠다 말씀하셨다.

❖ 난 만인 구원설은 믿지 않는다 하시는 분이 있다면

교회의 문이 왜 열려 있는지, 가리지 않고 아무에게나 왜 전도하는지, 그가 어떤 자인지 묻지도 따지지도 않고 말씀을 들을 수 있게 교회를 왜 개방하는지, 알지도 못하는 나라에 가서 선교는 왜 하는지를 생각해 보라. 세상에서는 손가락질받는 자라도 교회에선 정죄하지 않고 받아들이는 이유를 생각해 보라.

이는 세상 만민을 구원하시고자 하시는 하나님의 뜻을 받든 것이다.

❖ 이런 질문이 있을 수 있다.

만인 구원설이 맞다면 세상 모두가 믿어야 하는데 믿지 않는 사람이 더 많은 이유는 뭘까, 믿어지지 않아서 믿지 못하겠다는 자는 왜일까?

이것은 사람에게 주신 선택할 수 있는 자유의지 때문이라 생각한다.

"믿음은 들음에서 나며 들음은 그리스도의 말씀으로 말미암았느니라" 하나님의 말씀은 누구나 들을 때 믿음이 생겨 믿을 수 있는 것이다.

누구라도 교회 나와 하나님의 말씀을 들으면 믿음을 값없이 주신다. 교회 나오지도 않고 말씀을 듣지도 않으면서 믿어지지 않아서 믿지 못하겠다는 말은 어떻게 설명할 수 있을까?

본인이 말씀 듣는 자리에 가기 싫어하고 교회 나오기 싫어하면서 어디서 하나님의 말씀을 듣고 믿음이 생길 수 있겠는가, 예수 믿지 않겠다는 자신의 의지, 초대장을 사용하지 않겠다는 자신의 선택인 것이다.

그러므로 예수 믿고 안 믿고는 본인 선택이다. 만인 구원설은 누구나 구원하시겠다는 하나님의 뜻이지만, 여기엔 예수 믿는 자란 조건이 있다.

사람이 태어날 때 누구나 똑같이 받은 초대지만 사용할지 말지, 예수 믿을지 말지는 스스로 결정하고 그 책임도 스스로 지는 것이다.

② 모두에게 초대장을 보내셨다

* 마22:2-6: “천국은 마치 자기 아들을 위하여 혼인 잔치를 베푼 어떤 임금과 같으니, 그 종들을 보내어 그 청한 사람들을 혼인 잔치에 오라 하였더니 오기를 싫어하거늘, 다시 다른 종들을 보내며 이르되 청한 사람들에게 이르기를 내가 오찬을 준비하되 나의 소와 살진 짐승을 잡고 모든 것을 갖추었으니 혼인 잔치에 오소서 하라 하였더니, 그들이 돌아보지도 않고 한 사람은 자기 밭으로 한 사람은 자기 사업하러 가고, 그 남은 자들은 종들을 잡아 모욕하고 죽이니”

천하 만민들은 일하러 가고 사업하러 갔다. 자기 일이 바빠서 잔치에 오라는 청함을 이미 받고도 거절했다. 심지어 귀찮게 한다고 임금의 귀한 종들을 잡아서 모욕하고 때리고 죽였다.

지금도 예수 믿으라 전도하면 모욕적인 언사를 들어야 하고 때리고 죽이기 때문에 순교자가 나오는 것이다.

마음의 소리를 듣고 스스로 교회 문을 두드리는 사람도 있고, 한 번 전도해도 예수를 믿는 사람이 있는가 하면 백 번 전도해도 믿지 않고 지옥 가는 사람도 있다. 많이 전도를 받는 사람은 그만큼 기회가 많이 주어진 사람으로서 복된 자이다. 다만, 선택은 본인의 몫이다.

이렇게 복음을 들을 수 있고 믿을 수 있는 기회는 사람마다 다르나 구원에 있어서 만민은 평등하다. 누구나 믿으면 구원이다.

만일 이 세상에 태어날 때부터 선택된 자만 구원받을 수 있다는 선택설이 맞다면 만인은 평등하지 못하다.

처음부터 자신도 모르게 천국 백성과 지옥 백성이 정해져 있다면 천국 백성은 좋겠지만, 지옥 가는 자는 얼마나 억울하겠는가?

백보좌 심판 때 그들은 공평하지 못함을 호소할 것이다.

선택받지 못해 믿지 못했노라고, 이건 우리 죄가 아니라고, 지옥으로 떨어지는 것은 불가하다고. 백보좌 심판장은 아수라장이 될 것이다.

하나님은 그런 하나님이 아니시다. 공평하신 하나님이시다.

모두에게 공평하게 기회를 주시고, 믿고 안 믿고는 본인 자유의지에 달려 있게 하셨다.

천국 문은 열려 있으나 각자 자유의지에 따라 스스로 결정하는 것이고, 결정에 대한 책임도 자신이 지는 것이다.

때문에 천국과 지옥은 스스로 결정한 결과물로 오는 것이다.

2) 선택설(2차 택함)

① 2차 초대장을 다시 보내셨다

* 마22:9-10: "네거리 길에 가서 사람을 만나는 대로 혼인 잔치에 청하여 오라 한대, 종들이 길에 나가 악한 자나 선한 자나 만나는 대로 모두 데려오니 혼인잔치에 손님들이 가득한지라, 임금이 손님들을 보러 들어올새 한 사람을 보고, 이르되 친구여 어찌하여 예복을 입지 않고 여기 들어왔느냐 하니 그가 아무말도 못하거늘, 임금이 사환들에게 말하되

그 손발을 묶어 바깥 어두운 데에 내던지라 거기서 슬피 울며 이를 갈게 되리라 하니라, 청함을 받은 자는 많되 택함을 입은 자는 적으니라"

선택설에 대해선 우리가 잘못 알고 오해하고 있다고 알려 주셨다.

하나님이 사람을 선택하시고, 그 선택된 사람만 천국 갈 수 있다는 것은 말씀을 잘못 이해한 것이라 알려 주셨다.

첫 번째 청함은 하나님이 모든 사람을 천국으로 초청하신 것이다. 두 번째 선택은 하나님이 천국 갈 사람을 선택하시는 것이 아니라 사람이 자유의지로 하나님을 선택하고, 천국을 선택하게 하신 것이다.

너는 내 것이라 강요에 의한 선택이 아니라는 것이다.

그러므로 1차 청함은 하나님이 하셨지만, 2차 선택은 사람이 하는 것이다. 사람이 자유의지에 따라 하나님을 선택해 믿는 것이다.

1차에 누구든지 오라는 청함을 받았지만, 오는 이가 심히 적자 2차로 종들이 길에 나가 만나는 이마다 데려왔다.

오라 부르는 소리를 듣고 스스로 왔든, 강요에 의해 끌려왔든 악한 자나 선한 자나 만나는 대로 전도해서 데려왔다. 이유야 어떻든 잔치에 참석했다는 말은 본인 스스로 오기로 선택했기 때문에 그 자리에 있을 수 있는 것이다.

그러므로 1차 청함은 하나님이 모든 사람을 하나님의 백성으로 부르신 것이고, 2차 선택은 사람이 하나님의 부르심에 응한 것이다.

전도자가 전하는 복음을 듣고 본인이 교회를 갈지 말지 선택한 것이다. 예수를 믿을 것인지 믿지 않을 것인지도 본인 스스로의 선택인 것이다. 하나님이 제비뽑듯이 사람을 선택하시는 것이 아니다.

결코 하나님이 선택해 놓으시고 선택받은 자만 믿고 천국 갈 수 있고, 선택받지 못한 자는 지옥 갈 수밖에 없는 그런 선택설이 아니다.

다시 전한다.

1차는 하나님이 모든 사람을 천국으로 초청해 주셨고, 2차는 많은 종교와 신이라 말하는 우상 중에서 사람이 하나님을 선택해서 믿는 것이다. 이때 하나님은 믿는 자만 천국 가게 하시는 것이다.

② 청함에 오지 않는 자는 세상을 사랑하는 자다

한가하면 가려고 약속했지만, 자기 일이 바빠졌다.

세상일이 바빠서, 돈 버는 일에 치중하다 보니 좀처럼 시간이 나질 않는다고 변명한다. 그래서 선약을 깼고, 교회 참석하라고 종들이 자꾸 찾아오니 귀찮아서 다시는 오지 못하도록 그들을 아예 죽여 버렸다. "청함을 받은 자는 많되 택함을 받은 자는 적으니라"

모든 사람은 조건 없이 초대되었으나 주인공으로 참여한 자는 적다. 이유는 믿기를 거부한 자도 있고, 믿다가 타락한 자, 겉모습만 교인이었던 자, 믿음이 부족하여 예복을 준비하지 못한 자도 있다.

이처럼 교회에 들어왔다 나간 자는 수없이 많다. 이것도 본인 선택이다. 그러므로 백보좌 심판 때 누구도 변명할 수 없다. 스스로의 선택이었으니까. 천국과 지옥은 본인이 선택한 길이다.

3) 열심히 일해 놓고도 받을 상이 없는 자도 있다

* 마6:1-6: "사람에게 보이려고 그들 앞에서 너희 의를 행하지 않도록 주의하라 그리하지 아니하면 하늘에 계신 너희 아버지께 상을 받지 못하느니라, 그러므로 구제할 때에 외식하는 자가 사람에게서 영광을 받으려고 회당과 거리에서 하는 것같이 너희 앞에 나팔을 불지 말라 진실로 너희에게 이르노니 그들은 자기 상을 이미 받았느니라, 너는 구제할 때에 오른손이 하는 것을 왼손이 모르게 하여, 네 구제함을 은밀하게 하라 은밀한 중에 보시는 너의 아버지께서 갚으시리라, 또 너희는 기도할 때에 외식하는 자와 같이 하지 말라 그들은 사람에게 보이려고 회당과 큰 거리 어귀에 서서 기도하기를 좋아하느니라 내가 진실로 너희에게 이르노니 그들은 자기 상을 이미 받았느니라, 너는 기도할 때에 네 골방에 들어가 문을 닫고 은밀한 중에 계신 네 아버지께 기도하라 은밀한 중에 보시는 네 아버지께서 갚으시리라"

① 선한 일을 하거나 주의 일을 했을 때 곰탕처럼 두고두고 우려먹지 마라

내가 이런 사람이라고 떠벌이는 사람이나 10년, 20년 전 일을 지금까지 우려먹는 사람도 있다.

몇십 년 전 은사 받았지만 지금은 깡통인데도 거룩한 은사자인 척 남을 속이는 사람도 있고, 더 불쌍한 것은 본인 스스로가 그렇게 속고 있는 자도 있다는 것이다.

② 일한 상을 사람에게 받느냐 하나님께 받느냐도 본인 선택이다

사람에게 칭찬과 존경과 상 받는 걸 즐겼다면 하나님께는 받을 상이 없다. 이런 자는 자신이 돋보이려고 드러내는 자다.

칭찬 듣고 인정받는 것을 좋아하고, 대접받고 존경받는 것을 좋아하고 떠받들어 주는 것을 즐기지 마라. 이건 독이다.

이런 사람은 아무리 큰일을 했어도 사람에게 인정받기 위해 일했을 뿐이다. 이런 사람은 이 세상에서 이미 상을 다 받았으므로 구원받은 것만으로 만족해야 하는 사람이다.

열심히 일해 놓고도 아무것도 쌓은 것이 없는 바리새인과 같은 사람이다. 이 세상에서 주의 일을 열심히 했지만, 일하는 족족 다 까먹는 사람은 억울하지만, 천국에서는 거할 곳도 없을 정도로 빈곤한 사람이다.

③ 이런 성도는 상을 받는다

내가 이런 사람이요, 이렇게 자신이 떠벌리지 않았는데도 오른손이 하는 일 왼손이 모르게 충성하는 모습을 보고 칭찬이 돌고 돌아 자신에게까지 들리는 경우가 있다.

빛은 감출 수 없듯이 예수 믿는 자가 아무리 숨어서 헌신해도 언젠가는 사람들에게 밝혀지게 돼 있고 사람들에게 칭찬받게 돼 있다.

이런 것은 바람직한 일이며, 이런 자는 천국에서 상이 크다.

이때 당연하다는 듯 거들먹거리지 말고 하나님께 영광을 돌리면 된다.

자녀가 칭찬받는 만큼 아버지께는 큰 영광이 된다.

본인 스스로 내가 이것도 하고 저것도 했다고 자신을 높이기 위해 믿음 있는 척하는 것과 남이 알아주고 존경하는 것과는 차원이 다르다.

④ 말씀을 알면서도 실천하지 않은 사람도 있다

열심히 일해 놓고서 상급을 까먹는 사람도 있고, 우직하게 빛과 소금처럼 일하는 사람도 있지만, 다 알면서도 실천하지 않고 이리 빼고 저리 빼고 일하지 않아서 받을 게 없는 사람도 있다.

알면서도 주를 위해 자신을 드린 것도 없고, 희생한 것도 없는 사람은 부끄러운 구원밖에는 받을 것이 없는 사람이다.

⑤ 아버지 집에는 거할 곳이 많지만, 없는 자도 있다

* 요14:1-3: "너희는 마음에 근심하지 말라 하나님을 믿으니 또 나를 믿으라, 내 아버지 집에 거할 곳이 많도다 그렇지 않으면 너희에게 일렀으리라 내가 너희를 위하여 거처를 예비하러 가노니, 가서 너희를 위하여 거처를 예비하면 내가 다시 와서 너희를 내게로 영접하여 나 있는 곳에 너희도 있게 하리라"

거할 곳이 많다 적다는 의미는 예수 믿고 구원받은 사람 100%가 거할 곳이 있다는 말씀이 아니다.

그렇다면 모두의 거처를 마련하러 간다고 말씀하셨을 것이다. 굳이 많다, 적다로 말씀하실 이유가 없다.

거할 곳은 많아도 해당 사항이 없는 자도 있다(구원만 받은 자).

마치 대한민국에 아파트가 그리 많아도 오두막집 하나 없는 자가 있는 것과 같다.

또 거할 곳이 있다고 가장 좋은 곳, 원하는 곳에서 마음대로 살 수 있지도 않다. 이 땅에서 일한 상급에 따라 거처를 주시기 때문이다.

주의 일을 한 게 없으면 받을 것도 없다.

그래서 천국에는 성 같은 곳에 사는 자도 있고, 그렇지 않은 자도 있는 것이다.

4) 예수님 좌우편에 앉는 자는 어떤 자들인가

* 마20:20-23: "그때에 세베대의 아들이 어머니가 그 아들들을 데리고 예수께 와서 절하며 무엇을 구하니, 예수께서 이르시되 무엇을 원하느냐 이르되 나의 두 아들을 주의 나라에서 하나는 주의 우편에 하나는 주의 좌편에 앉게 명하소서, 예수께서 대답하여 이르시되 너희는 너희가 구하는 것을 알지 못하는도다 내가 마시려는 잔을 너희가 마실 수 있느냐 그들이 말하되 할 수 있나이다, 이르시되 너희가 과연 내 잔을 마시려니와 내 좌우편에 앉은 것은 내가 주는 것이 아니라 내 아버지께서 누구를 위하여 예비셨든지 그들이 얻을 것이니라"

① 예수님 좌우편에 앉는 것, 하늘나라 내 자리는 예수님이 정하시는 것이 아니라 아버지가 정하신다

아버지는 어떤 자에게 예수님 옆자리를 주실까? 주님의 잔을 마시는 자 중에서 하나님이 정해 주신다고 말씀하신다.

그럼 주가 마시는 잔은 어떤 잔인가?

예수님이 아버지의 말씀에 순종하여 십자가에서 죽으셨듯이, 예수님처럼 말씀을 지키다 순교한 자나 주신 사명에 죽도록 충성한 자다.

그러므로 예수님 좌우편에 자리가 마련된 자는 하나님 뜻대로 산 자다. 이 말은 예수님과 같이 거할 수 있는 자가 있고, 예수님과 점점 멀리 떨어진 곳에 거처가 있는 자도 있다는 의미가 된다.

서울에 살고 싶다고 누구나 가서 살 수 있는 것이 아니듯이 거할 곳은 내가 원하는 대로 주시는 것이 아니다.

분명히 말씀하신다. "내 좌우편 자리는 내가 주는 것이 아니라 아버지께서 앉게 해 주시는 자가 앉을 것이라"

그 기준은 회개한 만큼, 일한 만큼, 애쓴 만큼, 충성한 만큼, 아버지께 영광을 돌린 만큼, 까먹지 않은 만큼 하나님께서 후히 주실 것이다.

우리가 원한다고 받을 수 있고 말고 하는 자리가 아니다. 때문에 상급과 자리에 신경 쓰지 말고 말씀대로 충성하면 상상 그 이상을 주실 것이다.

맡겨 주신 달란트를 충성되게 행한 자는 아버지께 받을 것도 많을 줄 믿는다.

아직 시간 있을 때 후회 없이 애쓰고 힘쓰는 자가 되어 주님 옆에 앉는 영광된 자가 되시길 바란다.

② 누구도 억울함 없이 일한 만큼 상을 주신다

* 고전3:8: "심는 이와 물주는 이는 한 가지이나 각각 자기가 일한 대로 자기의 상을 받으리라"

각자 일한 대로 상을 받는다.

저 성도가 저 일을 해서 복을 받으니 나도 저 일을 해서 복 받겠다?

심는 일과 물주는 일은 다르다. 목적은 같지만 분명 다른 일이다.

상황에 따라 할 일이 있고, 맡기신 일이 있다.

충성되게 맡기신 일을 행한 자에게는 후한 상을 주실 것이다.

세상에서처럼 부모 덕이나 누구의 덕을 볼 수 없는 곳이 하나님 나라다.

오로지 자신의 믿음과 행함으로만 상을 받는다. 또 이 세상에서 오른손이 한 일을 왼손이 모르게 일한 자만이 아버지께 상을 받는다.

이 말은 주를 위해 일한 것이 없으면 받을 상도 없다는 말씀이다.

또 주를 위해 한 일이 많아도 그것으로 자신을 드러내 칭찬과 원하는 것을 이미 누렸다면 이도 받을 상이 없다는 말씀이다.

다만, 일한 대로 상을 주신다면 일하지 않은 사람이나 다 까먹은 사람은 받을 상이 없는 것은 당연하다.

우편 강도와 베드로가 어찌 같은 상에 앉고, 똑같은 집에서 똑같은 옷을 입고 똑같은 면류관을 쓰겠는가? 천지 차이가 나는 것은 당연하다.

B. 구원에 대해서

1) 믿으면 구원이다. 다른 말이 필요 없다

① 지식의 말씀이 없어서 구원밖에 못 받는 자가 있다

구원만 강조하고 초점이 구원에만 맞춰지다 보니 구원밖에 모르는 자가 있다. 정말 안타까운 것은, 천국만 가면 다 되는 줄 알고 그 이상은 없는 줄 아는 성도들이 너무 많다는 것이다.

천국도 이 세상처럼 빈부차가 있다고 하면 실망한다. 화를 내는 분도 만나봤다.

상급에 대해 모르고 면류관에 대해 몰라서 주의 일을 등한시하고 그래서 부끄러운 구원밖에 받지 못할 억울한 성도들이 많다는데 놀랍다.

상급과 면류관이 없다면 누가 죽도록 충성하겠는가?

구원만 받으면, 천국만 가면 영원히 다 똑같이 사는 줄 아는 성도들이 의외로 많다는데 놀랍다.

또 어떤 성도는 천국에 대한 아무런 지식이 없어서 믿지 않는 자처럼 생각하는 것을 들을 때 안타깝다.

우리가 이 세상에서 이사를 가도 이사 갈 마을이나 집에 관심을 갖는데 어찌 영원히 살 내 나라 내 집 내 빈부와 면류관에 관해 관심이 없을 수 있을까? 이는 천국에 대한 지식이 없어서일 것이다.

천국을 믿는 자라면 내가 가서 영원히 살 하나님 나라에 관해 관심을 가지는 것이 당연하다. 이 땅에서 충성하시길 바란다.

다시 한 번 전한다.

구원받는다는 것은 천국에 입장하는 것, 주의 나라에 들어가는 것까지를 말한다. 모르면 몰라도 어찌 천국에 들어가는 것에서 만족할 수 있겠는가, 성도님들은 만족할 수 있겠는가?

② 안 되면 구원이라도 받아야겠지만, 예수 믿고 구원받았다면 하나님 아버지께서 주시는 상에 도전하라

천국에 입성한 자는 구원만 받은 사람이나 상급까지 받은 사람이나 모두가 하나님 나라에서 산다.

천국도 빈부 격차는 확실히 있지만, 이 세상에서처럼 스트레스를 받지 않는다. 만약 이 세상처럼 빈부차를 느낀다면 그곳은 천국이 아니다.

더 갖고 싶어 빼앗으려는 자와 내 것을 지키려는 자가 있을 것이고, 그러면 죄가 들어오게 된다. 하나님 나라는 빈부 격차를 느끼는 마음 자체가 없는 나라다. 그래서 천국은 죄가 없는 완전한 나라다.

한번 가진 자는 영원히 자기 것이고, 없는 자도 영원히 없는 채 사는 나라다.

❖ 그 나라에 가서 열심히 일하면 많이 가진 자가 될 수 있지 않을까?

그건 이 세상 개념이다.

분명 천국은 이 세상에서 행한 대로 사는 나라이지, 더하고 뺄 수 있는 나라가 아니다. 그래서 완성된 나라이고, 완전한 나라다.

있는 자든, 없는 자든 누구나 기쁘고 평안하게 사는 나라다.

부족하거나 모자라서 불편함이 없는 나라, 누구나 맘껏 누리고 사는 나라가 천국이다. 다만 빈부의 차이를 느낀다면 이는 존경의 차이가 아닐까 생각해 본다.

③ 중요한 것은 구원 위에 영광이 있다는 것을 확실히 알아야 한다

면류관을 쓰고 왕 같은 제사장으로 사는 자들이 있는데, 이는 이 세상에서의 행함에 따라 주시는 상급이다.

이 세상에서 어떻게 예수를 믿었는가에 따라 자신의 삶이 정해지는 나라이기 때문에 하늘나라의 빈부는 이 세상을 하직하면서 영원히 정해지는 것이다.

그런데도 상급과 면류관을 위해서 어떻게 살아야 하는지에 관해서는 적당히 넘어간다. 또, 잘 모른다.

그래서 말씀대로 살려 하고, 자신을 희생하며 주를 위해 충성하는 자가 희귀할 정도다.

시간을 드린 것도, 십일조와 각종 마음에서 우러나와 드린 헌금들이 하늘나라에 쌓이고, 주방에서 설거지 한 번 한 것도, 교회 청소 한 번 한 것도, 지나가다가 무거운 짐을 들어준 것도, 봉사하고 전도하고, 남을 도와주고, 누구를 위해 기도 한 번 한 것도 하늘나라에 쌓이고 심지어 물 한잔 대접한 것까지도 계산해 주신다.

하루 24시간을 살면서 우리는 기억하지도 못하는 많은 것들을 행위록에 기록하시고 확실하게 갚아 주실 것이다.

2) 하나님은 지금까지 오래 참고 기다리셨다

① 깨어 있는 자

아무리 기다려도 구원받을 만한 자는 노아의 가족 8명뿐이었던 것처럼 세상 끝날에도 많지 않은 성도만이 구원받을 것이다.

그러니 깨어 준비합시다.

② 교회에 다니고 세례를 받았다는 것은, 등은 준비된 것이다

* 마25:1: “그때에 천국은 마치 등을 들고 신랑을 맞으러 나간 열처녀와 같다 하리니”

어떤 이는 등만 들고 다니는 자도 있고 어떤 이는 기름을 조금 넣어서 불이 깜빡깜빡하는 이도 있고, 어떤 이는 등에 기름이 가득해 불이 잘 타오르는 이도 있다.

더 철저하게 준비한 자는 등에 기름이 가득해서 불이 잘 타고 있음에도 혹시 모를 불상사를 대비해 여분의 기름까지 준비한 자가 가장 슬기로운 자이다.

왜냐하면, 예수 그리스도께서 언제 재림하실지 모르기 때문이다. 낮인지 밤인지, 새벽인지, 혹시 내가 기름이 바닥난 때인지, 언제 오실지 모르기 때문에 항상 준비하는 자가 슬기로운 자이다.

누구나 세상일이 바빠서 이때라고는 전혀 생각지도 못한 시간에 주님이 오신다는 것을 잊지 말자.

준비하고 기다리는 믿음으로 살자. 자신의 믿음을 점검하라.

나는 등에 기름을 가득 채웠던 적이 있었는지, 지금은 등에 기름이 얼마나 남아 있는지 현재가 중요하다.

미련한 다섯 처녀처럼 자기 체면에 걸려 믿음 있는 체하는 자, 예수님 곧 오실 거니까 지금 있는 기름으로 충분하다고 게으름 피우고 자만하는 자, 자신은 더 이상 기름 걱정할 필요가 없다는 듯 교만하다 영원히 울부짖는 일이 생긴다면 그때 가서 돌이킬 수 있는 방법이 없다.

기름은 한번 채우면 그대로 있는 것이 아니다. 불을 피우면 닳아 없어지기 때문에 쓴 만큼 다시 채워야 한다.

등만 들고 다니지 말고 준비된 자로서 살자. '나중에 어찌하면 되겠지', '아직 기름이 남아 있는데, 설마 이때 오시겠어?' 그때 오신다.

미련한 다섯 처녀도 안일한 생각으로 믿음을 준비하지 않았을 때 기름은 떨어졌고, 문은 닫혀 버렸다.

미련하다는 것은 영적으로 미련하다는 것이지, 세상적으로는 똑똑하고 남들이 부러워할 만큼 성공한 사람일 수도 있다.

기억해야 할 것은 미련한 처녀들도 신랑이 오는 것을 몰랐던 것이 아니다. 알았지만 잔치의 주인공은 될 수는 없었다. 내 신랑이 아니라 남의 신랑이 되고 말았다.

이처럼 안다고 천국 갈 수 있는 게 아니라는 뜻이다.

한 번 닫힌 문은 두 번 다시 열리지 않는다.

③ 구원만 받은 자의 삶과 왕 같은 제사장의 삶은 다르다

어떻게 다른지 아는가?

구원은 지옥 백성이 천국 백성 되는 것, 믿으면 구원이 이 구원이다.

왕 같은 제사장의 삶은 구원받은 자 중에서 주의 말씀대로 살며 죽도록 충성한 자에게 주어지는 면류관이다. 구원받았다고 다 왕 같은 삶을 살고 면류관을 쓰는 것은 아니다.

3) 어린아이같이 성경 말씀을 해석하지 말라

① 아이 밴 자와 젖먹이는 자(세상적인 해석)

* 눅21:23: "그날에는 아이 밴 자들과 젖먹이는 자들에게 화가 있으리니 이는 땅에 큰 환난과 이 백성에게 진노가 있겠음이로다"

아이 밴 자이게 화가 있다 하셨으니 결혼하지 않고 아기를 낳지 않겠다는 것은 영적으로 어린아이다.

아이 밴 자는 임신한 여자를 말하는 것이 아니다. 욕심을 잉태한 자를 말한다.

임신한 여인이 처음에는 임신한 줄도 모르다가 점점 배가 불러오는 것처럼 욕심도 처음에는 자신도 눈치채지 못할 정도로 미세하다. 하지만 임산부의 배가 남산만 해지는 것처럼 욕심도 점점 커지는 것을 말한다.

* 약1:15: "욕심이 잉태한즉 죄를 낳고 죄가 장성한즉 사망을 낳느니라"

욕심을 품고 다니면 그 욕심이 미끼가 되어 마귀가 그 사람을 끌고 다니다 멸망시킨다. 욕심이 잉태하면 사망에 이른다.

그러므로 있는 바를 족한 줄 알고 자기 능력 이상의 것을 탐하지 말고 늘 감사하는 믿음 생활을 하자.

또 엄마는 아기에게 젖만 주는 것이 아니다. 모든 것을 다 준다.

아기에게 사랑도 주고, 시간도 주고, 먹이고 입히고 가르치기 위해 물질도, 봉사도 아낌없이 준다.

젖먹이는 아이를 둔 엄마는 언제나 파김치가 돼 있다. 자신을 위해 할 수 있는 일도 시간도 없다.

이것이 아이를 키우는 자의 희생이며, 일이며, 보람이기도 하다.

② 아이 밴 자와 젖먹이는 자(믿음적인 해석)

태신자라고 말하는 이들에 대한 말씀이다.

전도하기 위해 기도하고는 있지만, 아직 예수 믿지 않아서 가슴 속에만 품고 기도하고 있는 자를 말한다.

그런가 하면 예수 믿은 연조는 있지만 자라지 못하고, 아직도 어린아이같은 신앙인도 젖 먹는 자다.

또 젖먹이는 자는 어린 성도를 돌보는 자를 말한다.

영적으로 젖 먹는 자를 성장시키고 장성한 자가 되게 하기까지 시간이 없다. 젖먹이다가 시간 다 빼앗긴다.

젖먹이 엄마가 무얼 할 수 있겠는가? 아기와 씨름하다 끝난다.

결국, 젖먹이는 자도, 성장하지 못한 아이도 화를 받게 된다.

그럼 어떻게 해야 할까? 무슨 수를 써서라도 태신자는 빨리 낳고, 자라지 못한 자는 빨리 성장시켜야 한다.

* 벧전5:8: "근신하라 깨어라 너희 대적 마귀가 우는 사자같이 두루 다니며 삼킬자를 찾나니"

마지막 때는 마귀가 우는 사자같이 삼킬 자를 찾아다닌다. 이 때는 전신갑주를 입고 싸워야 하는데 아기 같은 믿음이 사자 앞에서 무얼 할 수 있겠는가?

영적으로 빨리 성장하지 않으면 아이도 위험하고, 돌보는 자도 위험하다. 원수가 쫓아오는데 아기를 업고 젖을 먹이며 어찌 도망갈까.

그러므로 영적으로 젖먹이는 자가 있다면 어떻게든 빨리 성장시켜서 스스로 믿음을 지키고 홀로 설 수 있게 해야 한다.

마지막 때는 애쓰고 힘쓰기만 한다면 하나님께서 최대한 빨리 자라도록 믿음을 더해주실 줄 믿는다.

우리가 기도하고 노력만 한다면 잃어 버린 한 영혼을 그냥 버려두지 않으신다는 확신을 갖고 부디 서둘러 전도하고 성장시키자.

문 닫으려는 시간에 발 동동 구르며 안타까워하지 말고, 미리미리 전도할 자를 전도해서 천국 백성 만들자.

4) 지혜로운 크리스천이라면 어떻게 살아야 할까?

① 어린아이는 아이 수준으로, 어른은 어른 수준으로 깨닫는다

* 고전13:11: "내가 어렸을 때에는 말하는 것이 어린아이와 같고 깨닫는 것이 어린아이와 같고 생각하는 것이 어린아이와 같다가 장성한 사람이 되어서는 어린아이의 일을 버렸노라"

이 말씀은 영적인 성숙도를 말하는 것이다.

젖병이나 빨고 단맛만 좋아하는 자는 어린아이이다. 축복만 좋아하고 징계의 말씀은 뱉어내는 자는 어린아이이다.

말씀을 들을 때는 '아멘'으로 받았으나 행함이 없는 자는 아무리 신앙생활을 오래 했어도 영은 아직도 어린아이이다.

어른은 쓴맛과 깊은 맛도 알고, 자신이 할 일은 자신이 하기 위해 고난도 이겨내는 자다.

어린아이 수준으로 하나님을 믿지 말라. 성장하지 않으면 내쳐진다.

그러므로 성장하려면 이렇게 하라.

이성적으로 이해되지 않는 말씀이 있을 때는 의심부터 하지 말고 믿음을 가지고 깊이 묵상하라.

그 말씀 안에는 분명 지금의 영적 수준으로는 맛볼 수 없는 참 진리의 말씀이 숨어 있을 것이다. 이 진리를 찾아내서 행하는 자는 최고의 보화를 캐낸 사람이다.

② 장성한 자에게는 길이 열린다

* 창19:1: "저녁때에 그 두 천사가 소돔에 이르니 마침 롯이 소돔성문에 앉아 있다가 그들을 보고 일어나 영접하고 땅에 엎드려 절하며"

소돔성이 멸망할 때도 평소와 같았다.

롯은 소돔성이 멸망의 날인 줄도 모르고 늘 하던 대로 성문에 앉아 있었다. 징조가 전혀 없어서 천사가 멸하러 왔다는 데도 농담으로 알았다. 이처럼 지극히 일상적일 때, 롯처럼 구원받을만한 믿음의 사람이라 해도 예측 불가능한 때라 말씀하신다.

그러나 준비된 자에게는 생명의 길을 열어 주신다.

말씀의 참 의미를 깨닫는 자는 666을 받지 않는 것은 물론이요, 왕 같은 제사장이 되기 위해 하지 말라 해도 주의 일에 땀 흘리며 희생하는 자가 된다. 이런 자는 보란 듯이 들림 받고 면류관을 쓸 자들이다.

그러나 산으로 가라 하셨으니 깊은 산속으로 들어가고, 성에서 나오라 하셨으니 시골로 가는 자는 어리석은 자다.

* 히5:12-14: "때가 오래 되었으므로 너희가 마땅히 선생이 되었을 터인

데 너희가 다시 하나님의 말씀의 초보에 대하여 누구에게서 가르침을 받아야 할 처지이니 단단한 음식은 못먹고 젖이나 먹어야 할 자가 되었도다, 이는 젖을 먹는 자마다 어린아이이니 의의 말씀을 경험하지 못한자요, 단단한 음식은 장성한 자의 것이니 그들은 지각을 사용함으로 연단을 받아 선악을 분별하는 자들이니라"

몇십 년을 예수 믿고 말씀을 줄줄 외우고 또 직분이 뭐든 간에, 딱딱한 음식을 먹지 못하고 소화시키지 못하는 자는 어린아이이다.

어린이는 의의 말씀을 경험하지 못한 자라고 말씀하신다.

할 수만 있으면 택한 자도 미혹하려 한다니 정신 차려 영이 성장하길 바란다.

어른이 귀찮고 일하기 싫다고 어린 척 젖만 먹고 사랑만 요구한다면 어찌 되겠는가?

또 음식이라곤 아이가 먹는 젖밖에 없어 젖을 먹을 수밖에 없다면 어찌 되겠는가?

이 어른들은 일은커녕 영양실조로 곧 병원에 실려 갈 것이다.

어린아이는 빨리 자라야 안전하고, 어른은 딱딱한 음식을 먹고 맡겨진 사명의 일을 할 때 성장한다.

우리는 부르심에 순종하여 예수를 믿는 자들이다.

말씀을 힘써 알고 장성한 자가 되어 주의 일에 충성하다가 주님 맞이하시길 소망한다.

③ 종말에 대해 배울 수 있도록 배려해 주시는 것은 하나님만 아시는 시간을 알려 주시기 위해서가 아니다

사람의 때는 세상 징조를 보고 아는 때이고, 하나님의 때는 실행에 옮기시는 때이다.

그러므로 사람이 보는 때와 하나님의 때는 다르다.

지금은 사람이 준비할 때이다. 곧 하나님의 때가 이를 것이다.

예수님이 코앞까지 오신 징조를 성경을 통해 알고 깨어 기름 준비할 시간을 주시기 위한 주님의 특별한 사랑이시다.

* 약1:22: "너희는 말씀을 행하는 자가 되고 듣기만 하여 자신을 속이는 자가 되지 말라"

"듣기만 하여" 말씀을 듣고 '아, 그렇구나.'로 끝나지 말라는 것이다.

듣고 아는 것을 행하는 자가 아니면 자신을 속이는 자가 된다고 말씀하신다. 속이는 자는 거짓말쟁이다.

영적 수준을 높여 말씀을 정확히 알고 준비해서 실수가 없게 하자!"

5) 전 세계 종교인 수

* 행1:8: "오직 성령이 너희에게 임하시면 너희가 권능을 받고 예루살렘과 온 유대와 사마리아와 땅끝까지 이르러 내 증인이 되리라 하시니라"

① 전 세계 인구 통계(인터넷 발췌)

2015년 72억, 2020년 2월 78억 명이다.

하루 평균 123만 명씩 출생하고, 하루 9만 명씩 사망한다는 통계다.

2014년 통계 분포를 보면 불교 4억, 힌두교 9억, 이슬람교 18억, 유대교 1,400만~2020년 1,650만, 천주교 12억1,300만, 기독교 22억 명이라는 통계다.

2020년 통계는 전 세계 기독교 인구가 33%로 가장 많다.

❖ 우리나라 종교인 수(2005~2016년도 통계)

불교: 2005년도(1,059만 명)–2015년(762만 명), 천주교: 288만~502만–2019년도(389만 명으로), 기독교: 2005년(845만 명)–2015년(968만 명) 통계가 나왔다.

이 통계에 의하면 기독교인 수는 1.5% 늘었다.

그러나 2016년 이후 실제로는 매년 20만~30만 명씩 감소한다.

1년은 52주인데, 50주 이상 주일예배에 참석하는 교인 수는 30만~100만 명 이하라 한다.

2020년 통계를 보면 우리나라에 140여 개의 이단이 있고, 200만 명 이상이 이단에 빠져 있다고 추정한다.

❖ 공식적인 세계 종교인 수는 약 70억 명이다.

전 세계인구 중 90%는 종교를 가지고 있다. 나머지 10% 중에 진짜 무신론자는 얼마나 될까? 정확히 말하면 없다고 본다.

사람은 어딘가에 의지하고자 하는 마음이 있다. 하나님보다 더 사랑하고 의지하는 것은 우상숭배고, 이런 행위를 종교 행위라 하신다.

② 무엇을 근거로 무신론자가 없다고 말할까?

사람은 영의 세계가 눈에 보이지 않기 때문에 믿는다는 것을 복잡하게 생각한다.

세상에는 많은 신이 있어 복잡하지만, 영의 세계는 간단하다.

영의 세계는 하나님 아니면 사탄, 둘 중 하나일 뿐이다.

하나님을 믿지 않는 그 어떤 신이나 종교도, 영의 세계에서 보면 사탄에 속해 있을 뿐이다.

난 아무것도 믿지 않는다고 해서 중간에 서 있을 수 있는 자는 아무도 없다. 하나님을 믿지 않으면 어떤 신을 섬기든지 사탄이 그 사람의 영을 지배하게 되어 있다.

왜냐하면, 사람은 각각 다른 종교라 말하지만, 결국 영적으로 보면 하나님 아니면 사탄밖에 없기 때문이다.

내 주먹을 믿는다, 또는 무신론자다, 종교를 경멸하는 사람도 원하든 원하지 않든 결국은 하나님이냐 사탄이냐, 둘 중 하나의 영의 세계에 속할 수밖에 없다.

우리나라도 토속신앙이 있듯이 각 나라에서도 자기네 토속종교 내지 토속신앙이 있다.

이 계산대로라면 세계 인구 78억 명 중 나름대로 하나님을 믿는 인구는 33% 정도다. (이단 포함)

나머지 약 56억 명은 다른 신, 사탄을 믿는 자들이다.

이 말은 예수님 재림 때 하나님을 믿는 22억 중에서 들림 받을 것이란 의미다. 우리는 전 세계 22억 명 중에 들어가 있다.

이 수에서 들림 받을 자는 과연 얼마나 되는지 모르지만, 어떤 일이 있어도 이 책을 읽는 모든 분은 반드시 들림 받을 수 있는 믿음 준비하시길 축복한다.

7

재림 때는 누구도 챙길 수 없다

A. 재림 때는 누구도 챙길 수 없다

1) 영의 나팔 소리를 듣는 자만 들림 받는다

재림이 가까워질수록 표적들은 계속 나타날 것이다.

이 표적들을 유심히 관찰하여 성경 말씀에 비추어 보면 주님 오실 날이 매우 가깝다는 것을 느끼게 될 것이다.

산모의 진통이 점점 빨라지면 아기가 태어나듯이 징조가 끊임없이 줄줄이 사탕처럼 일어난다는 것은 재림이 그만큼 임박하다는 뜻임을 알아야 한다.

성도들이 깨어 정신 차릴 시간을 주시고자 하는 아버지의 사랑이시다.

이것도 영의 눈이 뜨인 사람이나 알 수 있다. 영의 눈을 뜨자!

* 막13:32-33: "그러나 그날과 그때는 아무도 모르나니 하늘에 있는 천사들도 아들도 모르고 아버지만 아시느니라, 주의하라 깨어있으라 그때가 언제인지 알지 못함이라"

① 자신의 믿음으로 자신만 구원받는 것이다

분명히 아무도 모르고 아버지만 아신다고 말씀하셨다.

아들도 모르는 일을 세상에 살고 있는 어떤 종에게 알려 주시겠는가?

모세같이 신실한 종에게도 알려주지 않으신 것이 있고, 허락하지 않으신 것이 있다.

하나님이 하시는 일을 미리 알고 예견할 수 있는 자는 아무도 없다. 한 달 전, 일주일 전에 알 수 있다면, 그 정보가 믿어진다면 밤을 새워서라도 금식하며 기도하고 누군가를 마지막으로 전도하려고 뛰어다니지 않겠는가?

알 수 없기에 또 믿어지지 않기에 자신이 그때까지 가지고 있는 믿음과 행함대로 평가받는 것이다.

② 어떤 모습으로 들림 받을까?

* 마24:40-41: "그 때에 두 사람이 밭에 있으매 한 사람은 데려가고 한 사람은 버려둠을 당할 것이요, 두 여자가 맷돌질을 하고 있으매 한 사람은 데려가고 한 사람은 버려둠을 당할 것이니라"

* 고전15:51-53: "보라 내가 너희에게 비밀을 말하노니 우리가 다 잠잘 것이 아니요 마지막 나팔에 순식간에 홀연히 다 변화되리니, 나팔 소리가 나매 죽은 자들이 썩지 아니할 것으로 다시 살아나고 우리도 변화되리라, 이 썩을 것이 반드시 썩지 아니할 것을 입겠고 이 죽을 것이 죽지 아니함을 입으리로다"

일하던 사람은 일하던 모습으로, 잠자던 사람은 잠자던 모습 그대로 휴거되는 사람이 있고, 남는 사람이 있을 것이다.

영의 나팔 소리는 영으로 들리기 때문에 영이 깨어 있고 하나님의 인을 받은 자에게만 들린다.

몸이 몸을 입을 수 없듯이 썩어질 지금의 육체 위에 부활의 몸이 입혀지는 것이 아니다.

옷을 벗듯이 흙으로 만들어진 육체는 허물 벗듯이 벗어버리고 부활의 몸, 새로운 영의 몸을 입는 것이다.

지금의 몸을 육체라 하듯이 그때의 영의 몸을 영체라 한다. '어? 어?' 하는 순간 이미 변화된 몸이 되어 하늘로 올라가고 있는 자신을 볼 것이다.

육의 모습이 어떻든 간에 그건 문제가 되지 않는다.

장애자도, 수족을 쓰지 못하는 병자도, 노인도, 의식 없이 중환자실에 누워 있는 자도 문제가 되지 않는다.

부자도, 가난함도 걸림돌이 되지 않는다.

다만, '그 사람의 영이 들림 받을 만한 믿음이 있는가?'만이 문제다.

38년 된 앉은뱅이가 즉시 일어나 걷는 것처럼 영의 몸을 입을 때는 새로운 몸, 영원히 죽지 않는 건강한 몸을 입는다.

그때까지의 자신의 모습이 어떻든 간에 나팔 소리를 듣자마자 지금의 육체는 완전한 영의 몸, 가장 아름다운 모습으로 변화되어 공중으로 올라갈 것이다.

나중에 들림 받지 못한다면 누구를 원망할 것이 아니라 믿음을 준비하지 못한 자신을 원망해야 할 것이다.

* 왕하2:11: “두 사람이 길을 가며 말하더니 불수레와 불말들이 두 사람을 갈라놓고 엘리야가 회오리바람으로 하늘로 올라가더라”

엘리사는 엘리야 곁에 꼭 붙어 있었다. 같이 길을 가며 말하는 중에 엘리야만 하늘로 올라갔다.

엘리야가 들림 받을 때처럼 인치심을 받은 사람만이 순식간에 변화되어 올라갈 것이다.

* 고후 3:15-18: “오늘까지 모세의 글을 읽을 때에 수건이 그 마음을 덮었도다, 그러나 언제든지 주께로 돌아가면 그 수건이 벗겨지리라, 주는 영이시니 주의 영이 계신 곳에는 자유가 있느니라, 우리가 다 수건을 벗은 얼굴로 거울을 보는 것같이 주의 영광을 보매 그와 같은 형상으로 변화하여 영광에서 영광에 이르니 곧 주의 영으로 말미암음이니라”

그때는 영적 무지와 오해, 불신앙, 율법의 멍에로부터 벗어지게 된다.

사람은 아무리 의인이라 해도 죄 속에 사는 죄인일 뿐이다.

때문에 하나님의 말씀을 다 이해할 수 없지만, 부활의 몸을 입으면 영의 세계에 대해 자연스럽게 다 알 수 있게 된다.

마치 수건을 쓰고 있어서 형체만 볼 수 있었던 것들이 선명하고 확실하게 볼 수 있고 알아지게 되는 것과 같다.

2) 영은 편히 쉴 곳만 있으면 된다

① 지금 낙원에 있는 자들은 몸이 없이 영만 있다

* 눅24:39: “내 손과 발을 보고 나인 줄 알라 또 나를 만져 보라 영은 살과 뼈가 없으되 너희 보는 바와 같이 나는 있느니라”

영은 살도, 뼈도, 형체도 없이 그저 영만 있다.

예수를 믿다가 순교를 했든 자연사했든, 몇천 년 전에 죽었든, 오늘 죽었든 죽은 자들은 모두 낙원에서 영으로 있다.

몸이 없기 때문에 집도, 옷도, 먹을 것도 필요 없다.

그러나 준비되는 새 예루살렘 성을 그들은 볼 수 있을 것이다.

자신의 집도, 옷도, 먹을 것도 다 준비된 것을 거울로 보듯이 볼 수 있을 것이다. 그러니 그들이 몸을 갖게 해 달라고 간절히 간구하는 것이다.

만약 이 세상 사람이 낙원에 있는 영들처럼, 몸이 없다면 아무것도 필요 없을 것이다.

이처럼 사람이 살아가는 데 세상 물질이 필요한 것은 흙으로 만든 육체, 몸이 있기 때문이다.

육체든, 영체든 몸이 있다는 것은 물질이 필요하다는 말이고, 영만 있다는 것은 물질이 필요 없다는 뜻이다.

② 음부에 있는 영들도 몸이 없이 영만 있다

음부는 예수 믿지 않고 죽은 자들이 가는 곳이다. 이들도 영만 있다.

음부에 있는 영들은 몸을 갖기를 원하지 않을 것이다. 왜냐하면, 영원한 지옥으로 떨어질 것을 알기 때문이다.

죽은 영은 낙원에 있는 영이든, 음부에 있는 영이든 영의 몸을 입지 않는 한 아무것도 스스로 할 수 없다(자세한 것은 천지창조 때 전함).

때문에 낙원에 있는 영은 감사와 평안을 누리고, 음부에 있는 영은 불안과 고통을 느낄 뿐이다. 느낀다는 것은 영이 살아 있다는 것이다.

무속인이나 점쟁이들은 말한다.

죽은 자들은 '이것도 필요하고, 저것도 필요하다.' 또는 '배가 고프다'고 죽은 영의 대변인처럼 말한다. 과연 그럴까? 이것은 거짓말이다.

죽은 자는 낙원에 있든, 음부에 있든 무엇이 필요해서 세상 것을 먹고 마셔야 살 수 있는 존재가 아니다.

무속인들은 죽은 자들이 사람의 음식을 먹는다고 말한다. 사람의 모습을 하고 와서 먹고 마시는 흉내를 내서 현혹시킨다. 그럴 수 있다.

이들이 진짜 사람의 음식을 먹고 마셔야만 살고, 세상 돈이 필요한 것이 절대 아님을 알아야 한다. 속지 마시기 바란다.

죽어 영으로 있는 자는 몸이 없기 때문에 아무것도 필요 없다.

사람을 혼란스럽게 하고 두렵게 하여 자신을 섬기게 하기 위해서, 또 무속인들은 원하는 것을 얻어내기 위해서 그렇게 보이게 할 뿐이다.

영은 단지 편히 쉴 곳이 필요할 뿐이다. 그러나 음부에 있는 영은 편히 쉴 곳이 없다.

③ 영체, 영의 몸을 갖게 되면 무엇을 할 수 있을까?

* 눅24:36-43: "이 말을 할 때에 예수께서 친히 그들 가운데 서서 이르시되 너희에게 평강이 있을지어다 하시니, 그들이 놀라고 무서워하여 그 보는 것을 영으로 생각하는지라, 예수께서 이르시되 어찌하여 두려워하며 어찌하여 마음에 의심이 일어나느냐, 내손과 발을 보고 나인줄 알라 또 나를 만져보라 영은 살과 뼈가 없으되 너희 보는 바와 같이 나는 있느니라, 이 말씀을 하시고 손과 발을 보이시나, 그들이 너무 기쁘므로 아직도 믿지 못하고 놀랍게 여길때에 이르시되 여기 무슨 먹을 것이 있느냐 하시니, 이에 구운 생선 한 토막을 드리니, 받으사 그 앞에서 잡수시더라"

영에 부활의 몸이 입혀졌을 때 예수님처럼 변화된다.

예수님은 뼈도 있고 살도 있고 손과 발도 있고, 만질 수도 있는 사람의 모습과 같으셨다.

육신이 먹는 음식, 생선도 드실 수 있으셨다.

우리도 예수님처럼 영의 몸을 가졌을 때 살도 있고, 뼈도 있게 된다.

이 말은 육적인 살과 뼈가 아니라 영체의 살과 뼈를 말한다.

입고 먹고 마실 수도 있는 몸, 영원히 살 수 있는 자유자재의 영의 몸으로 변화한다.

육체에게 필요한 것이 있듯이 영체에게도 몸이 있으니 필요한 것들이 반드시 있다.

만약 형체 없이 영만 예수님과 함께 있다면 무엇이 필요하겠는가?

아무것도 필요 없을 것이다.

몸이 있기에 집이 필요하고, 옷이 필요하고, 면류관을 쓸 수 있는 것이다. 지금처럼 말할 수 있고, 찬양을 드릴 수도 있게 된다.

주님은 부활의 몸을 입게 될 영들을 위해 완벽하게 모든 준비를 하러 가셨다.

④ 영의 몸은 자유자재의 몸이 된다

* 요20:19-20: "이날 곧 안식 후 첫날 저녁때에 제자들이 유대인들을 두려워하여 모인 곳의 문들을 닫았더니 예수께서 오사 가운데 서서 이르시되 너희에게 평강이 있을지어다, 이 말씀을 하시고 손과 옆구리를 보이시니 제자들이 주를 보고 기뻐하더라"

"문을 열지도 않았는데 예수께서 가운데 서 계셨다."

부활의 몸을 입으면 주님처럼 시공간을 넘어다닐 수 있다.

그럼 영의 몸을 입으면 항상 시공간을 뛰어넘어 날아다닐까? 필요시는 얼마든지 그럴 수도 있겠지만, 평소에는 그렇지 않을 것이다.

영의 나라에서는 지금 우리가 다니는 것처럼 정상적으로 다닐 것이라 생각한다. 그래서 황금 길이 있는 것이 아닐까?

사람들은 말한다. 천국 백성의 영의 몸과 지옥 백성의 영의 몸이 다를 것이라고. 아니다. 영의 세계는 똑같다. 사는 장소만 다를 뿐 그들도 영원히 살 수밖에 없는 영체다.

그러므로 자유자재의 영의 몸을 입고도 영원히 지옥에 갇혀 있기 때문에 그 답답함은 이루 말할 수 없을 것이다. 어디를 갈 수도, 자유를 누릴 수도 없는 것이다.

영원히 형벌을 받을 자들이지만 그들도 몸이 있으니 있을 장소가 필요하다. 하나님이 예비한 그들이 거할 장소는 영원한 지옥이다.

❖ 천국은 상당히 빠르게 움직일 수 있는 나라란 것을 증명하는 말씀이 있다.

* 눅1:18-19: “사가랴가 천사에게 이르되 내가 이것을 어떻게 알리요 내가 늙고 아내도 나이가 많으니이다, 천사가 대답하여 이르되 나는 하나님 앞에 서있는 가브리엘이라 이 좋은 소식을 전하여 네게 말하라고 보내심을 받았노라”

이 말씀은 가브리엘 천사가 세례요한이 태어날 소식을 전하기 위해 그의 아버지 사가랴를 만날 때의 말씀이다.

하나님 보좌는 삼층천에 있다.

이 말씀을 전한 6개월 후 가브리엘 천사가 이 세상에 다시 내려온다.

* 26-27: "여섯째 달에 천사 가브리엘이 하나님의 보내심을 받아 갈릴리 나사렛이란 동네에 가서 다윗의 자손 요셉이라 하는 사람과 약혼한 처녀에게 이르니 그 처녀의 이름은 마리아라"

하나님의 말씀을 전하고 하늘나라로 돌아간 가브리엘 천사는 6개월 후 다시 이 세상에 와서 예수님의 육신의 어머니가 될 마리아를 만났다.

이는 가브리엘이 천국에 도착하자마자 또 명령이 내려졌다 해도 6개월 만에 천국에서 이 세상까지 왔다 갔다.

인간적인 계산을 해 보면 천국까지 가는데 3개월, 이 땅까지 오는 데 3개월밖에 걸리지 않는다는 계산이 나온다.

만약 사가랴에게 하나님의 말씀을 전하고 돌아가서 하나님 앞에 있다가 한참 후 명령을 받고 다시 마리아에게 왔다면 3개월이 아니라 며칠, 아니 눈 깜빡할 사이에 왔을 수도 있다는 말이 된다.

이렇게 빠르게 움직일 수 있는 나라가 영의 나라이고, 영체를 입은 자다. 영의 나라에서는 다 그렇게 살기 때문에 이상한 일이 아닐 것이다. (이는 천사나 사탄이나 영의 몸을 가지고 있기 때문에 마찬가지로 빠르게 움직일 수 있다는 말이다. 다만 사탄은 갇혀 있기 때문에 제약을 받을 뿐이다.)

우리도 영의 몸을 입으면 빠르게 움직일 땐 빛과 같은 속도로, 평상시엔 황금 길을 여유롭게 거닐 것이다.

3) 거룩한 자들이 입는 옷 세마포

* 계19:7-9: "우리가 즐거워하고 기뻐하며 그에게 영광을 돌리세 어린 양의 혼인 기약이 이르렀고 그의 아내가 자신을 준비하였으므로, 그에게 빛나고 깨끗한 세마포 옷을 입도록 하락하셨으니 이 세마포 옷은 성도들의 옳은 행실이로다 하더라"

① 세마포 옷을 입는 자는 자신을 준비한 자다

이 세마포 옷은 성도의 옳은 행실이라 말씀하신다.

빛나고 깨끗한 세마포, 신부가 입는 옷이다.

이 옷을 입어야 혼인잔치에서 예복을 입지 않아서 쫓겨난 자처럼 되지 않고 잔치의 주인공이 될 수 있다.

② 하늘나라에서 입는 옷은 상급에 따라 다르다

사람은 몸에 걸치는 것을 보고 부를 알 수 있듯이 하늘나라에서도 똑같다. 하늘나라에서도 부에 따라 입는 옷이 다르고, 사는 집이 다르고, 사는 동네가 다르다.

그 부는 값을 주고 사는 것이다. 그러나 천국에서 살 수 있는 것은 아무것도 없다.

왜냐하면, 천국에서는 일을 해서 부를 축적하는 나라가 아니기 때문이다.

천국은 뭔가 부족해서 더 열심히 일하고 완성해 가는 나라가 아니다. 천국은 그런 나라가 아니다.

천국을 위해 일할 수 있는 곳은 이 세상뿐이다.

이 세상에서 말씀대로 살고 주를 위해 열심히 일하면 그것이 천국의 부로 쌓이고, 그 부는 천국에 가서 더하고 뺄 수 없고, 누가 빼앗거나 빼앗아 갈 수도 없는 완전한 내 것이 되는 나라다. 영원히 내 것이다.

천국은 더 이상 손볼 때가 없는 완전한 나라다.

이 세상에서 내 시간을 아버지께 드리고 천국을 사는 것이고, 내 충성을 드리고, 내 물질을 드리고, 내 믿음과 행함을 드리고 천국을 사는 것이다.

* 사61:10: "내가 여호와로 말미암아 크게 기뻐하며 내 영혼이 나의 하나님으로 말미암아 즐거워하리니 이는 그가 구원의 옷을 내게 입히시며 공의의 겉옷을 내게 더하심이 신랑이 사모를 쓰고 신부가 자기 보석으로 단장함 같게 하셨음이라"

구원의 옷은 세마포 옷이며, 신부의 옷이다.

이 세상에서도 신부의 드레스는 눈부신 하얀 색이어서 빛이 난다.

이처럼 점 하나 없는 하얀 옷이 세마포 옷이다.

세마포 위에 덧입는 옷이 있는데, 이는 공의의 겉옷이라 말씀하신다.

이 공의의 겉옷을 세마포 위에 입는 자는 거룩한 자이다.

신부가 화려하고 값비싼 보석으로 단장하고 하얀 세마포 위에 겉옷을 입고 면류관을 쓴 자는 그 빛나는 모습에 눈이 부실 것이다.

이들은 몇 고을을 다스리든 다스릴 수 있는 왕 같은 제사장들이다.

그러기 위해 구원에만 머물지 말고 장성한 자가 되어 주의 말씀에 순종할 뿐 아니라 말씀을 행함으로 의의 겉옷을 입기를 바란다.

B. 휴거가 언제일지 한마디로 우리는 모른다

1) 휴거는 믿는 성도들이 가장 궁금한 것일 것이다

① 누구도 알지 못하는 시간에 도둑같이 오실 것이다

* 눅17:26-30: "노아의 때와 같이 인자의 때에도 그러하리라. 노아가 방주에 들어가던 날까지 사람들이 먹고 마시고 장가들고 시집가더니 홍수가 나서 그들을 다 멸망시켰으며, 또 롯의 때와 같으리니 사람들이 먹고 마시고 사고팔고 심고 집을 짓더니, 롯이 소돔에서 나가던 날에 하늘로부터 불과 유황이 비오듯하여 그들을 멸망시켰느니라. 인자가 나타나는 날에도 이러하리라"

마지막 때도 노아나 롯의 때와 같이 사람들은 자기 계획대로, 스케줄대로 생활하고 먹고 마시고 사고팔고 육신을 위해 산다.

평상시와 다를 바 없는, 누구도 예측 불가능한 시간에 오신다.

* 살전5:1-3: "형제들아 때와 시기에 관하여는 너희에게 쓸 것이 없음은, 주의 날이 밤에 도둑같이 이를 줄을 너희 자신이 자세히 알기 때문이라. 그들이 편안하다 안전하다 할 그 때에 임신한 여자에게 해산의 고통이 이름과 같이 멸망이 갑자기 그들에게 이르리니 결코 피하지 못하리라"

영적으로 낮이 아니라 밤에, 한밤중에 오신다는 의미이다.

낮이라면 무언가 준비할 시간이 있지만, 영적으로 무방비 상태인 캄캄한 밤에 오신다.

평안하다, 안전하다, 마음 놓고 있을 때 갑자기 들이닥친다.

육신의 잠은 자야 하지만, 영은 깨우고 기름 준비하자.

예수님 재림이 이때쯤이란 것은 알고 준비할 수는 있지만, 정확한 때와 시기는 알 수 없다.

재림에 대한 말씀을 자세히 알고 있어도 준비하지 않고 방심하면 그날이 도둑같이 임한다. 지극히 평범한 평상시에 일어날 일이다.

② 영적으로 잠자지 말고 깨어 있자

지금은 구원받을 수 있는 약간의 시간을 더 허락하신 상태이다.

그 기간이 얼마나 남아 있는지 우리는 알 수 없지만, 코앞에 와 있는 것만은 확실하다. 그만큼 가깝다는 말이다.

신실하게 기도하시는 분들은 말한다. 한 세대 안에, 재림이 이루어질 거라고.

본격적으로 때를 알리는 재림 징조가 나타나기 시작한 지는 오래됐다.

알고도 잠자는 자는 어리석은 자다. 깨어라, 그리고 일어나라.

2) 때와 기한은 하나님의 권한이다. 하나님의 권한은 사람이 알 수 없다

① 재림은 예수님 자신도 모른다고 말씀하셨다

* 마24:36-44: "그러나 그날과 그때는 아무도 모르나니 하늘의 천사들

도 아들도 모르고 오직 아버지만 아시느니라, 노아의 때와 같이 인자의 임함도 그러하리라, 홍수 전에 노아가 방주에 들어가던 날까지 사람들이 먹고 마시고 장가들고 시집가고 있으면서, 홍수가 나서 그들을 다 멸하기까지 깨닫지 못하였으니 인자의 임함도 이와 같으리라, 그때에 두 사람이 밭에 있으매 한 사람은 데려가고 한 사람은 버려둠을 당할 것이요, 두 여자가 맷돌질을 하고 있으매 한 사람은 데려가고 한 사람은 더려둠을 당할 것이라, 그러므로 깨어 있으라 어느 날에 너희 주가 임할는지 너희가 알지 못함이니라, 너희도 아는 바니 만일 집주인이 도둑이 어느 시각에 올 줄을 알았더라면 깨어 있어 그 집을 뚫지 못하게 하였으리라, 이러므로 너희도 준비하고 있으라 생각하지 않은 때에 인자가 오리라"

그날과 그때는 하늘의 천사도 아들도 모른다. 아버지만 아신다.

아들도 모르는 일을 이 세상 사람 누가 알 수 있겠는가? 아무도 모른다.

많은 사람이 때를 안다고 하는 말에 속아 넘어갔다.

정확한 때를 알려고 하거나 안다고 하는 것은 성경적이지 않을 뿐 아니라 매우 위험한 말이다.

노아의 때도 방주 만드는 것을 사람들이 봤지만, 하나님의 때는 하나님이 정하셨다.

방주에 들어가는 날까지 세상은 먹고 마시고 시집, 장가갔다.

영적인 사람만 노아처럼 때가 코앞에 와 있다는 것을 알고 준비할 뿐 세상 사람들은 평상시와 다름없이 쾌락을 즐기거나 생활고에 시달리며 생활할 때 오실 것이다.

❖ 그렇다고 아주 깜깜하지는 않다.

여러 가지 전조 증상을 통해 영의 사람은 시대를 분별할 수 있게 하셨다. 분별할 수는 있으나 그날과 그 시는 영의 사람이라 할지라도 알 수 없다. 다만 말씀을 통해 천재지변과 세상 돌아가는 것을 주의 깊게 살펴라. 무화과나무를 보고 계절을 알 수 있듯이 말씀의 징조를 보고 알라. 이는 세상에 나타나는 변화를 보고 주님이 가까이 온 줄 알라는 것이다. 영의 눈으로 세상을 바라보고, 때가 가까움을 알고 준비하는 자가 지혜로운 사람이다.

② 세상이 점점 악해진다는 것은 예수님 재림이 임박하다는 뜻이다

* 창6:13: "하나님이 노아에게 이르시되 모든 혈육 있는 자의 포악함이 땅에 가득하므로 그 끝 날이 내 앞에 이르렀으니 내가 그들을 땅과 함께 멸하리라"

땅에 사는 모든 사람의 행위가 부패하고 포악함이 가득했는데, 지금이 그 시대다. '포악하다'란 '사납고 악하다'란 뜻이다.

사람이 악마의 탈을 쓴 것처럼 아이들까지도 짐승처럼 변해 가고 있다.

포악함이 땅에 가득하므로 사람을 땅과 함께 멸하리라 멸망을 선언하실 만큼 우리 시대는 노아시대보다 더 악하다.

악도 익어야 거둘 수 있기 때문에 세상은 점점 더 악해지는 것이다.

다만, 아무리 악한 시대이고, 마지막 시대여도 의인은 반드시 있다.

노아는 그 시대 의인이며, 완전한 자로서 하나님과 동행하는 자였다.

엘리야는 하나님을 믿는 자가 자기 혼자라고 절망했지만, 이름을 밝히지 않은 자, 숨겨져 있는 7천 명이 있었다.

다른 교회 교인들은 적당히 예수 믿고, 다른 사람은 예수를 유별나게 믿지 않는데, 왜 나만, 왜 우리만, 왜 우리 교회만이라 말하지 말라.

주님 오실 때는 노아나 엘리야처럼, 숨겨진 7천 명처럼 하나님이 인정하는 유별난 자가 아니면 멸망당한다.

인정받는 자만이 인침을 받는 자이며 들림 받을 자이다.

힘들어도 자유롭게 믿음 생활할 수 있을 때 들림 받는 순간을 고대하면서 인내하기 바란다.

3) 노아나 아브라함에게 알려 주신 것처럼 주의 종들에게 재림의 때를 미리 알려주실까? 과연 그럴까?

① 어떤 종은 말한다

* 창7:4: "지금부터 칠일이면 내가 사십 주야를 땅에 비를 내려 내가 지은 모든 생물을 지면에서 쓸어버리리라"

노아도 방주에 들어가기 일주일 전에는 알려 주셨다고, 주의 종에게도 일주일 전에는 예수님 공중 재림을 알려 주실 거라고 말한다.

* 창18:17: "여호와께서 이르시되 내가 하려는 것을 아브라함에게 숨기겠느냐"

아브라함에게 숨기지 않으신 하나님이 마지막 때에도 주의 신실한 종에게는 알려 주신다고 말한다.

이런 말을 믿고 안심했다가는 큰일 난다. 희망 사항일 뿐이다.

② 심을 때와 거둘 때는 다르다

* 창9:1: "하나님이 노아와 그 아들들에게 복을 주시며 그들에게 이르시되 생육하고 번성하여 땅에 충만하라"

* 창12:2: "내가 너로 큰 민족을 이루고 네게 복을 주어 네 이름을 창대하게 하리니 너는 복이 될지라"

노아나 아브라함 때에는 마지막 때가 아니라 인류 시작 단계이다.

깨달음이 있는가? 생명을 살려서, 생육하고 번성하게 해서, 하나님의 백성을 많이 만들어 나가는 시대였다.

당연히 알려 주시고 살려 주셔서 지금의 우리 세대와 이후 세대까지 구원받을 자들을 늘려 가야 했다.

나가서 전도를 하든, 중보기도를 하든 종을 통해 사람을 살리기 위해 알려 주셨다.

그러므로 미리 알려 주신 이유는 살아남은 자의 후손들을 하나님 백성 삼으시기 위함이셨다.

노아를 살려 인류가 살게 하시고, 아브라함을 살려 장자가 태어나고 롯을 살려 민족이 태어나게 하셨다.

지금의 세계인과 기독교인들은 이들을 통해 하나님 백성 된 자들이다.

③ 마지막 때는 추수하는 때이다(추수는 몽땅 거둬들이는 것)

추수해서 알곡은 곳간에, 쭉정이는 태워 버릴 때이다.

알려 주신다고 쭉정이가 알곡이 될 수 있을까?

이미 모든 것이 끝났는데 누구에게 무엇을 알려 주시겠는가?

일주일 전, 하루 전에 알려 주신들 한 사람인들 더 구원받을 수 있겠는가? (농담으로 알뿐이다.)

④ 자기 믿음으로 자기만 구원받는다

* 창19:16: "동틀 때에 천사가 롯을 재촉하여 이르되 일어나 여기 있는 네 아내와 두 딸을 이끌어내라 이 성의 죄악중에 함께 멸망할까 하노라, 그러나 롯이 지체하매 그 사람들이 롯의 손과 그 아내의 손과 두딸의 손을 잡아 인도하여 성 밖에 두니 여호와께서 그에게 자비를 더하심이었더라, 26: 롯의 아내는 뒤를 돌아보았으므로 소금 기둥이 되었더라"

아브라함은 소돔성이 멸망하기 하루 전에 알았지만 롯을 위해 할 수 있는 것은 천사를 배웅하면서 중보기도 한 것이 전부였다.

사랑하는 조카 롯을 위해 할 수 있는 건 아무것도 없었다(그때나 지금이나 자기 믿음으로 자기만 구원받는다).

천사가 손을 잡아끌어 준다 해도 구원받을 믿음이 없으면 허사다.

⑤ 노아는 하나님을 경외함으로 자녀들에게 말씀을 가르쳤다

* 히11:7: "믿음으로 노아는 아직 보이지 않는 일에 경고하심을 받아 경외함으로 방주를 준비하여 그 집을 구원하였으니 이로 말미암아 세상을 정죄하고 믿음을 따르는 의의 상속자가 되었느니라"

하나님이 말씀하신 표적들은 배를 만드는 기간 내내 아무것도 나타나지 않았다. 그래도 노아는 굴하지 않았고 실망하지 않았다.

노아는 가족과 함께 배 만드는 일만 했을까? 아니다.

그 기간 동안 가족이 구원받을 수 있는 믿음도 준비시켰다는 것을 짐작해 볼 수 있다. 만약 노아가 아내와 자녀들이 방주 안에 들어갈 수 있는 믿음을 준비시키지 않았다면 노아 혼자만 구원받고 가족들은 구원받지 못했을 것이다.

아무리 그 시대라 해도 자녀가 아버지의 말을 듣고 방주에 들어가란다고 들어갈까? 자녀가 부모의 말을 잘 따르지 않는 것은 그때나 지금이나 마찬가지다. 가족에게 계속 말씀을 전했고, 가족은 믿음을 받아들인 결과 구원받을 수 있는 순종으로 나타났다 생각한다.

배가 완성되고, 믿음 준비가 끝난 후 하나님이 배에 들어가라 하셨다. 이때 노아의 믿음으로 가족이 구원받은 것이 아니라 가족들은 각자 준비된 자기 믿음으로 구원받은 것이다.

4) 가족을 이대로 방치할 것인가? 가족의 구원을 책임져라

① 구원은 1:1이다

* 겔14:20: "비록 노아 다니엘 욥이 거기에 있을지라도 나의 삶을 두고 맹세하노니 그들도 자녀는 건지지 못하고 자기의 공의로 자기의 생명만 건지리라 주 여호와의 말씀이니라"

노아, 다니엘, 욥, 같은 믿음의 사람이라 할지라도 그들의 믿음으로 자녀도 구원하지 못한다.

자기 자녀도 구원하지 못하고 겨우 자기 의로 자기 생명만 구원받는다. 자기 믿음이 아무리 좋다 해도 가족 중 단 한 명이라도 믿음 없는 자를 구원시킬 수 없다.

구원은 1:1 하나님과 본인과의 관계일 뿐이다.

알았다면 최선을 다해 전도하라.

② 가족에게 먼저 전도하라

* 행16:31-32: "이르되 주 예수를 믿으라 그리하면 너와 네 집이 구원을 받으리라 하고, 주의 말씀을 그 사람과 그 집에 있는 모든 사람에게 전하더라"

"주 예수를 믿으면 너와 네 집이 구원을 받는다." 이 말씀은 대표로 나만 믿으면 가족은 믿지 않아도 구원받는다는 말씀이 아니다.

내가 믿으면 누구보다도 가족에게 먼저 전도하게 된다. 이때 "너와 네 집이 구원받는다"는 말씀이다.

우리에게 이 말씀을 듣게 하심은 나뿐만이 아니라 노아처럼 가족과 이웃을 구원시킬 말씀과 믿음을 준비할 시간을 주시는 것이다.

항상 준비하고 깨어 있지 않으면 그날에 가슴을 치며 울 뿐이다.

가족을 구원시키지 못하고 들림 받으면 올라가면서도 그 마음이 어떻겠는가?

③ 사랑하는 가족을 목숨 걸고 전도하지 않는다면 그들은 소망이 없다

* 눅16:27-28: "이르되 그러면 아버지여 구하노니 나사로를 내 아버지의 집에 보내소서, 내 형제 다섯이 있으니 그들에게 증언하게 하여 그들로 이 고통 받는 곳에 오지 않게 하소서"

가족 전도를 더 이상 늦추면 그들은 가망 없다.

하루라도 더 시간을 끌면 끌수록 사탄은 사랑하는 이들의 목을 점점 조여 전도의 문은 더더욱 막힐 것이다.

아직 시간이 있다 생각하지만 시간이 있어도 말씀 볼 시간은 없고, 시간이 있어도 기도할 시간은 없고, 시간이 있어도 전도할 시간은 없는 것이 현실이다.

시간이 있다 해도 사탄은 믿지 않는 가족이 전도되도록 놔두지도 않는다. 그러므로 자존심 버리고 수단과 방법을 가리지 말고 전도해야 가족이 산다.

④ 가족 중 어린아이 믿음도 성장하지 않으면 가망 없다

사탄은 일의 노예로 살게 한다.

중요한 일, 급한 일, 내가 하지 않으면 안 되는 일들을 사탄은 계속해서 만들어내고, 성도는 그 꽁무니를 따라다니며 뒤처리하다가 시간 다 가게 만든다. 또 게을러서 못하게 한다.

나무가 영양분이 없고 물을 마시지 못하면 금방은 눈치채지 못해도 시간이 지날수록 시들시들 말라 죽게 된다.

이처럼 사탄은 믿음 약한 자를 하루아침에 예수 믿지 못하게 하는 것이 아니다. 시간이 있어도 믿음 생활, 교회 생활을 못 하게 방해한다.

이렇게 믿음이 고갈되게 만들어 고사되어 말라죽게 하는 수법을 쓴다.

마귀는 그 사람에 맞는 여러 가지 맞춤 방법들을 항시 대기시키고 있다. 한 번 승리했다고 자만하지 마라.

마귀는 현혹될만한 것을 가지고 곧 다시 돌아올 것이다.

예수님 공중 재림 때 들림 받으려면 정신 바싹 차리고 믿음 생활하지 않으면 부자 나사로처럼 자신이나 가족이나 땅을 치고 후회할 뿐이다.

아담과 하와처럼 부끄러워 숨고 말 것이다.

우리는 이런 시대에 예수 그리스도를 믿고 있다.

우선순위를 어디에 둘 것인지 심각하게 고민해 봐야 할 때이다.

C. 징조를 알아야 준비할 수 있다

1) 거짓 선지자가 많은 시대가 세상 끝에 나타나는 징조다

① 적그리스도가 많이 나타나고 이단에 속아 성도들이 교회를 떠난다

* 마24:3-8: "예수께서 감람산 위에 앉으셨을때에 제자들이 조용히 와서 이르되 우리에게 이르소서 어느때에 이런 일이 있겠사오며 또 주의 임하심과 세상 끝에는 무슨 징조가 있사오리이까, 예수께서 대답하여 이르시되 너희가 사람의 미혹을 받지 않도록 주의하라, 많은 사람이 내 이름으로 와서 이르되 나는 그리스도라 하여 많은 사람을 미혹하리라, 난리와 난리 소문을 듣겠으나 너희는 삼가 두려워하지 말라 이런 일이 있어야 하되 아직 끝은 아니니라, 이 모든 것은 재난의 시작이니라"

세상 끝에 오는 징조는 많은 사람이 예수 이름으로 온다. 무엇하러? 믿는 자를 미혹하러 온다.

미혹은 무엇에 홀려 정신 차리지 못하는 것을 말한다.

이렇게 세상 끝, 종말에 오는 징조를 말씀하셨는데도 이단에 넘어가는 자는 수없이 많다.

내가 예수라, 하나님이라, 성령님이라, 내가 은사자라, 선지자라, 교주라 해도 미혹되지 말라. 바로 이런 이단들이 많이 나올 때가 세상 끝에 오는 징조라 말씀한다.

이들은 그럴듯한 무언가를 가지고 사람을 홀릴 것이나 넘어가면 안 된다. 사람의 말에 현혹되지 말고 오직 하나님의 말씀, 성경 말씀을 보고 판단하라. 그래야 바른길을 걸어갈 수 있다.

* 요일서2:18-19: "아이들아 지금은 마지막 때라 적그리스도가 오리라는 말을 너희가 들은 것과 같이 지금도 많은 적그리스도가 일어났으니 그러므로 우리가 마지막 때인 줄 아노라"

많은 적그리스도가 일어난 것을 보면 마지막 때인 줄 알라는 말씀에 주의하라. 거짓 선지자, 가짜 하나님, 가짜 예수를 수없이 배출시키는 시대, 그로 인해 교회와 성도를 혼란스럽게 하는 시대가 마지막 때의 징조다.

여기도 이단, 저기도 이단으로 가득할 때가 마지막 때의 징조다.

생각해 봐라. 몇십 년 전만 해도 이단이란 말 자체가 생소했다.

아무 데나 가서 은혜 받으면 됐다. 그러나 지금은 조심하고 또 조심해야 한다. 그만큼 가짜들이 많다.

이단들은 자신들이 만들어낸 교리로, 하나님의 말씀을 짜깁기해서 믿는 자를 속인다.

요즘처럼 이단들이 득세했던 적은 없었다.

건물을 세웠다 하면 기존 교회에서는 엄두도 내지 못할 만큼 큰 건물을 세우고, 각 교회에서 성도들을 빼가서 그 건물을 채운다.

기존 교회는 젊은 청년들과 청소년들이 점점 줄어 고민하지만, 이단들은 청년들로 넘쳐난다.

이단들의 열정은 대단하다.

우후죽순처럼 퍼져 나가는 거짓 선지자 이단들은 큰 입을 벌리고 무한정 성도들의 영혼을 빨아들여 삼키고 있다.

사탄이 오죽 잘 봐 줄까, 이리처럼 속여서 사탄의 백성 만들어 주는데 뭐든 협조 안 할까.

교인들이 미혹의 영에 속아 교회 밖으로 빠져나가는 시대가 말세의 징조다. 이들은 이단에 가거나 그럴듯한 이유로 교회를 나오지 않거나 종교를 바꾼다.

교회 다니며 상처 안 받은 사람이 어디 있을까? 그래도 믿는 자가 더 많지 않은가. 변명에 불과하다.

② 성령 없는 교인들이 교회에서 득세하고 교회를 분열시키는 때가 마지막 때에 오는 징조다

* 유다서17-19: "사랑하는 자들아 너희는 우리 주 예수 그리스도의 사도들이 미리 말한 것을 기억하라, 그들이 너희에게 말하기를 마지막 때에 자기의 경건하지 않은 정욕대로 행하며 조롱하는 자들이 있으리라 하였나니, 이 사람들은 분열을 일으키는 자며 육에 속한 자며 성령이 없는 자니라"

교회의 직분자라면 하나님의 말씀대로 사는 자여야 한다.

초대교회 집사는 대단한 믿음의 소유자였다.

이 정도는 못 되어도 경건하고 믿음 있는 자에게 교회 일을 맡겨야 한다는 데는 이견이 없을 것이다.

그런데 믿음으로 판단하지 않고 대충 교회 나오면 집사직을 주고, 집사 몇 년 되면 권사, 장로 직분을 준다. 문제는 자격없는 자에게 이런저런 이유를 들어 돈으로 직분을 사고판다는 것이 웬 말인가? 교회가 썩어 있다.

왜 돈 내고 권사 장로 직분을 살까? 왜 돈 받고 교회 직분을 팔까? 하나님 앞에서 무슨 변명을 하고 무슨 책망을 들으려고.

과연 이런 자들이 하나님을 위해 교회를 위해 자신을 헌신할까?

권사, 장로 명단에 올라갔을 땐 열심히 눈도장 찍다가 권사, 장로 되고 나면 오히려 사사건건 트집만 잡는다.

결국, 믿음 없는 집사, 권사, 장로가 교회가 힘들고 어려울 때 충성스럽게 기도하며 짐을 나눠 지는 것이 아니라 이해타산에 맞지 않을 때나 자기 뜻대로 되지 않을 때 세상적이 되고 만다.

교회 내에서 정욕대로 행하고 분열을 일으킨다.

'조롱하다'란 말은 '마음대로 다루면서 데리고 놀다'란 뜻이다.

이들은 말씀대로 살지 않는 자들이며, 성령이 그 안에 계시지 않는 자들이다. 그래서 하나님의 교회를 조롱하고 가지고 노는 것이다.

정말 믿음 있는 장로, 권사, 집사는 하나님을 경외하며 교회가 어려울 때 십자가를 지고 짐을 나눠 지며 기도하는 자이고, 자신을 알아주지 않아도 헌신하는 자이다.

또, 성령 없는 교인들이 돈으로 교회를 움직이는 시대다.

이들은 돈을 가지고 교회를 좌지우지하려 하고, 조롱하고, 정욕대로 행하고, 교회를 어지럽혀 난장판을 만드는 시대가 마지막 시대의 징조다.

교회는 찢어지고 분열되고, 성도가 찢어지고 분열되는 현상들을 보면서도 아픔을 느끼지 못하고 회개하지도 않는 시대다.

교회 문제가 있을 때 교회 안에서 용서와 책임과 믿음으로 해결하지 못하고 세상 법정으로 끌고 가는 것은 살아계신 하나님을 두려워하지 않는다는 증거다.

교회는 희생 위에 세워지는 법인데 누구도 희생하지 않고, 손해보지 않으려 한다. 세상 문화와 세상 방법이 교회 안으로 그대로 들어와 어지럽히고 분열시킨다.

요즘처럼 교회가 사회의 지탄을 받고 주의 종과 하나님의 영광이 땅에 떨어진 때는 없었다. 이는 마지막 때에 나타나는 증거들이다.

2) 세상 끝에는 이런 징조가 있다

① 자기중심적인 시대, 세상을 사랑하고 자기만 사랑하는 시대, 점점 악해지는 시대가 종말로 치닫고 있다는 증거다

* 딤후3:1-7: "너는 이것을 알라 말세에 고통하는 때가 이르러, 사람들이 자기를 사랑하며 돈을 사랑하며 교만하며 비방하며 부모를 거역하

며 감사하지 아니하며 거룩하지 아니하며, 배신하며 조급하며 자만하며 쾌락을 사랑하기를 하나님 사랑하는 것보다 더하며, 경건의 모양은 있으나 경건의 능력은 부인하니 이같은 자들에게서 네가 돌아서라, 그들 중에 남의 집에 가만히 들어가 어리석은 여자를 유인하는 자들이 있으니 그 여자는 죄를 중히 지고 여러 가지 욕심에 끌린바 되어, 항상 배우나 끝내 진리의 지식에 이를수 없느니라"

돈만 사랑하고, 부모를 거역하고, 조급하고, 배신하고, 자만하고, 모함하고, 절제하지 못하고, 사납고, 분열을 일으키고, 쾌락을 좋아하는 시대가 세상 끝에 오는 징조다.

자신만 사랑하고, 감사를 모르는 시대가 마지막 시대의 징조다.

세계 각처에서는 전쟁이 끊이질 않고, 같은 민족끼리도 (이념, 노조, 단체) 싸움이 계속되는 시대가 세상 끝에 오는 징조다.

기근이 기약도 없이 계속돼 배고픔 정도가 아니라 굶어 죽고, 지진과 수해로 수많은 이재민을 낳고, 사람과 자연을 죽이는 일들이 빈번하게 일어나는 시대가 세상 끝에 오는 징조다.

내일을 알 수 없는 불안과 초조가 엄습해 자격증 하나라도 더 준비하려 하고 항상 배우지만, 원하는 것을 얻을 수 없는 시대다.

고학력자는 늘어나지만, 그들을 받아주는 직장을 얻지 못해 고통당하는 시대가 세상 끝에 오는 징조다.

아무것도 얻을 수 없는 시대, 절망하는 이런 시대라 생각되면 빨리 주께로 돌아서라.

백성의 고통 소리가 하늘을 찌를 때 하나님은 어떻게 하셨는지 성경을 보라.

② 자연계에 미치는 세상 끝의 징조

땅에 채소나 식물들, 산에 수목, 바다에 물고기와 생물들, 강에 식수, 하늘에 해, 달, 별 1/3이 죽는다. 이는 천지창조 때 하나님이 만드신 모든 피조물 1/3이 죽는 현상이 일어나는 것이다.

③ 속히 될 일, 지체되지 않고 반드시 될 일

* 합2:3: "이 묵시는 정한 때가 있나니 그 종말이 속히 이르겠고 결코 거짓되지 아니하리라 비록 더딜지라도 기다리라 지체되지 않고 반드시 응하리라"

예수님 오시기 직전에 될 말씀들을 듣고 보고 이런 일들이 세상 속에서 줄지어 일어나는 것이 보이면 때가 임박하다는 것을 알라.

이 말씀들은 정한 때가 되면 지체치 않고 반드시 이루어질 일이다. 따라서 마지막 때 자신의 믿음을 굳건하게 세울 뿐 아니라 전도할 수 있는 시간을 최대한 활용하여 복음을 전하는 사명자가 됩시다.

8

무저갱, 황충, 전쟁, 두루마리, 두 증인

** 전 3년 반(다섯째 나팔, 첫째 화 시대) **

A. 무저갱 열림

1) 무저갱이 열리면서 7년 대환난이 시작된다

* 계9:1: "다섯째 천사가 나팔을 불매 내가 보니 하늘에서 땅에 떨어진 별 하나가 있는데 그가 무저갱의 열쇠를 받았더라, 그가 무저갱을 여니"

다섯째 나팔을 불자 땅에 떨어진 별 하나가 무저갱의 열쇠를 받아서 판도라의 상자를 열었다.

① 이 별은 누구를 말하는가?

하늘에서 떨어진 별 하나. '떨어진'이란 말은 완료형이다.

이미 떨어져 있음을 말한다. 하늘에서 떨어진 별은 사탄이다.

* 사14:12: "너 아침의 아들 계명성이여 어찌 그리 하늘에서 떨어졌으며 너 열국을 엎은 자여 어찌 그리 땅에 찍혔는고"

* 눅10:18: "예수께서 이르시되 사탄이 하늘로부터 번개같이 떨어지는 것을 내가 보았노라"

사탄이 무저갱의 열쇠를 받아 그 문을 열면서 7년 대환난 중 전 3년 반이 시작된다. 그러므로 대환난은 이 세상이 사탄의 영향권 아래 놓이게 되는 것을 말한다.

② 무저갱이란 어떤 곳인가?

영원한 지옥으로 가기 전 사탄이 갇혀 있는 흑암이다.

사탄과 타락한 천사들을 임시로 가둔 곳, 밑이 없는 흑암의 구덩이, 아무리 내려가도 끝이 없는 곳이 무저갱이다.

이 구덩이는 깊이를 알 수 없는 곳으로 한 번 들어가면 스스로 빠져나올 수 없는 못이며 사탄의 거처다.

* 계9:2: "그가 무저갱을 여니 그 구멍에서 큰 화덕의 연기 같은 연기가 올라오매 해와 공기가 그 구멍의 연기로 말미암아 어두워지며"

무저갱의 구멍에서 얼마나 많은 연기 같은 것이 꾸역꾸역 올라오면 해를 가려서 어두워지고 공기는 탁해진다.

이때 사람들은 정신을 차릴 수 없게 된다.

천지창조 이전부터 닫혀 있었던 무저갱이 열렸으니 얼마나 대단할까? 우리가 폐가나 빛이 들어오지 않는 지하에 몇 년간 닫아둔 문을 열어젖혀도 쾌쾌하고 불쾌한 냄새와 썩은 공기로 쉼 쉬기가 힘들다.

또 황사나 미세먼지가 심한 날, 바로 앞도 잘 보이지 않고, 숨쉬기도 고통스러웠던 것을 생각해 보면 이해가 될 것이다.

하물며 천지창조 전부터 닫혀 있었던 무저갱이 열렸으니 얼마나 대단할까?

해와 공기는 이 세상 모든 생물이 살 수 있는 원동력이다.

해를 가려서 하늘 전체가 어둡게 되고, 공기 오염으로 숨을 쉴 수 없을 만큼 고통받게 된다.

이 세상과 모든 사람이 사탄의 지배하에 놓일 것을 말씀한다.

2) 무저갱의 열쇠는 누구의 것인가

① 낙원의 주인은 예수 그리스도이시다

* 눅23:42-43: "이르되 예수여 당신의 나라에 임하실 때에 나를 기억하소서 하니, 예수께서 이르시되 내가 진실로 네게 이르노니 오늘 네가 나와 함께 낙원에 있으리라 하시니라"

"오늘 네가 나와 함께 낙원에 있으리라" 우편 강도가 예수님의 허락하심에 낙원에 갔고, 예수님도 그날 영으로 낙원에 가셨다.

예수님은 3일 만에 부활하셨기 때문에 영으로만 계셨던 기간은 단 3일 뿐이다. 이 3일간은 아직 부활 전이시니 영으로만 계실 때다.

낙원은 예수 믿고 구원받은 자들이 몸이 없이 영으로 있는 나라이기 때문에 예수님도 부활하지 않고 영으로 계실 때 가신 것이다.

당연히 낙원에 있는 영들은 주인이심을 선포하지 않아도 누가 왕인지 안다. 예수님이 왕으로서 자기들과 같은 영으로 오셨을 때 대환영했을 것이다. 낙원의 주인은 예수 그리스도시다.

② 사망, 음부, 무저갱, 옥, 지옥의 주인도 예수 그리스도이시다

* 벧전3:18-19: "그리스도께서 단번에 죄를 위하여 죽으사 의인으로서 불의한 자를 대신하였으니 이는 우리를 하나님 앞으로 인도하려 하심이

라 육체로는 죽임을 당하시고 영으로는 살리심을 받으셨으니, 그가 또한 영으로 가서 옥에 있는 영들에게 선포하시니라"

이 말씀은 아직도 풀리지 않아서 의견이 분분한 말씀 중 하나이다.

무엇 때문에 옥에 가셨으며, 옥에 있는 영들에게 무엇을 선포하셨을까? 말씀을 선포하셨을까? 소망과 사랑을 선포하셨을까 아니면 영원한 죽음을 선포하셨을까?

부활하시기 전 영으로 계실 때 낙원뿐 아니라 옥에도 가셨다. 여기서 옥이라 하심은 예수 믿지 않고 죽은 영들이 가 있는 음부다.

낙원과 음부에 있는 영들은 부활의 몸이 아니라 모두 영으로 있다.

때문에 예수님도 부활하시기 전 영으로 계실 때 두 곳을 가셨던 것이다. 낙원과 음부의 주인이 영들만 있는 두 곳을 영으로 계실 때 가셨는데 무엇이 문제겠는가?

예수님은 음부에 가셔서 주인이심을 선포하신 것이다.

예수를 믿지 않고 예수를 미워해서 너희가 도망치듯 이곳에 와 있지만, 이곳도 예수인 내가 주인이다.

이 예수가 천국뿐 아니라 사망과 음부의 주인이라는 것을 선포하러 가신 것이다. 주인이 어디를 못 가겠는가?

이것을 어떻게 알 수 있는가 하면 예수 믿지 않고 죽은 영은 모두 음부에 들어가지만 나올 수는 없다. 심지어 사탄도 나올 수 없는 곳이다.

그러나 들어갈 수도 있고 나올 수도 있는 자는 오직 열쇠를 가진 주인뿐이다. 주인을 믿지 않아 음부에 간 영들에게 주인이심을 가서 선포하고 오신 것이다. 사탄이 음부의 주인이 아니라 진짜 주인은 예수 그리스도라는 것을 선포하러 가신 것이다.

* 계1:18: "곧 살아있는 자라 내가 전에 죽었었노라 볼지어다 이제 세세토록 살아있어 사망과 음부의 열쇠를 가졌노니"

대환난 때까지도 음부의 열쇠를 예수님이 갖고 계신 것을 보아도 예수님이 주인이심을 확실히 알 수 있다.

열쇠는 주인 것이다. 승리자의 것이다. 사망을 이긴 승리자, 죽음을 이기고 부활하신 승리자, 예수 그리스도의 것이다.

그러므로 사망과 음부의 열쇠는 처음부터 예수님이 쭉 갖고 계셨다.

③ 귀신들이 예수님께 간구하는 것으로도 알 수 있다

* 눅8:30-31: "예수께서 네 이름이 무엇이냐 물으신즉 이르되 군대라 하니 이는 많은 귀신이 들렸음이라, 무저갱으로 들어가라 하지 마시기를 간구하더니"

주인의 허락 없이는 나올 수 없는 곳이 무저갱이다.

만약 무저갱의 주인이 사탄이라면 귀신이 예수님께 애원할 필요가 없다. 때문에 귀신이 무저갱의 주인이신 예수님께 그곳에 들어가지 않게 해달라고 간구하는 것이다.

④ 이 무저갱의 열쇠를 대환난 때에는 누가 받는가 하면 사탄이다

*계9:1: "다섯째 천사가 나팔을 불매 내가 보니 하늘에서 땅에 떨어진 별 하나가 있는데 그가 무저갱의 열쇠를 받았더라"

하늘에서 떨어진 별 하나가 무저갱의 열쇠를 받았다. 받았다는 말은 누군가에게서 건네받았다는 말이다.

* 유다서1:6: "또 자기 지위를 지키지 아니하고 자기 처소를 떠난 천사들을 큰 날의 심판까지 영원한 결박으로 흑암에 가두셨으며"

무저갱은 사탄과 사탄의 사자들의 거처다.

무저갱의 문은 첫째 화, 즉 대환난이 시작되면서 열린다. 예수님으로부터 열쇠를 받은 사탄이 문을 열고 나온 것이다.

그러므로 낙원과 음부 무저갱 모두 예수님이 주인이시다.

B. 황충

1) 이 세상에 존재하는 황충

① 메뚜기과의 곤충이다 (뉴스에서 발췌함)

황충은 바람을 타고 옮겨 다니며 전염병 수준으로 공중 폐렴을 일으키며 몰려다닌다. 세상 황충은 메마른 곳에 번식하고 식량을 찾아 날아다닌다. 크기는 약 5cm 정도인데, 날개는 키의 2배 정도다.

에티오피아, 케냐, 수단, 예멘, 사우디아라비아를 거쳐 이란, 인도, 파키스탄을 점령 중이란 뉴스이다.

한 개 집단이 30만 평을 초토화시킨다. 이는 3만5천 명분의 식량이다. 갉아먹는 소리는 초원에 마른풀이 타는 소리 같다.

이들의 피해는 대단하다.

지나간 자리는 농작물이나 풀잎 하나 볼 수 없고, 나무는 껍질까지 다 벗겨져 고사되고, 땅은 마치 다 타고 재만 남은 폐허처럼 변하고 만다.

황충이 6,500억 마리 수준으로 불어났다는 기사보도를 봤다.

짝짓기 철이 되면 밤낮으로 짝짓기를 하는데, 이는 그 수가 기하급수적으로 늘어난다는 것을 뜻한다.

원래 황충은 초목을 해치고 황폐케 하지만 사람에게 직접 피해를 주지는 않는다. 그러나 공중으로 날아다니며 공기 질환 전염병을 일으킨다면 문제는 다르다.

엄청난 수가 지나갈 때는 해를 가리기 때문에 마치 일식이 일어난 것처럼 바로 앞에 있는 큰 건물도 알아볼 수 없을 정도로 어두워진다.

계시록에 나오는 황충은 아니지만, 이 세상에 서식하는 황충만 보더라도 사람의 먹거리를 전멸시키고 하늘을 날아다니며 전염병을 옮기는 만큼 얕볼 수 없는 무서운 존재다.

② 전갈은 야행성 거미류에 속한 육식성이다

거미, 바퀴벌레, 메뚜기, 귀뚜라미, 개미, 지네, 딱정벌레를 먹는다.

전갈의 생김새는 잘 아실 것이다. 꼬리 끝에 독침이 있는데, 그 침에 쏘이면 매우 고통스럽다.

대개는 고통만 주지만 잘못 쏘이면 사람을 죽게 할 수도 있다.

이런 전갈의 권세를 받은 황충이다.

계시록에 나오는 황충은 세상 황충이 변이된 것이 아니라 이들은 무저갱에서 나왔다.

2) 성경에 나오는 황충

* 계9:2-3: "그가 무저갱을 여니 그 구멍에서 큰 화덕의 연기 같은 연기가 올라오매 해와 공기가 그 구멍의 연기로 말미암아 어두워지며, 또 황충이 연기 가운데로부터 땅 위에 나오매 그들이 땅에 있는 전갈의 권세

와 같은 권세를 받았더라"

① 무저갱을 열자 연기와 함께 황충이 올라왔다

무저갱에서 사탄이 나왔으니 세상은 사탄의 영향권 안에 놓이게 된다.

연기 같은 것이 올라와 하늘이 어두워지고 사람이 괴로워할 때 말처럼 생긴 황충들이 무저갱에서 풀려나 땅으로 기어 올라왔다.

땅으로 올라온 황충은 전갈의 권세를 받아 악마처럼 사람에게 고통을 준다.

② 무저갱에서 올라온 황충의 생김새

* 계9:7-10: "황충들의 모양은 전쟁을 위하여 준비한 말들 같고 그 머리에 금 같은 관 비슷한 것을 썼으며 그 얼굴은 사람의 얼굴 같고, 또 여자의 머리털 같은 머리털이 있고 그 이빨은 사자의 이빨 같으며, 또 철 호심경 같은 호심경이 있고 그 날개들의 소리는 병거와 많은 말들이 전쟁터로 달려 들어가는 소리 같으며, 또 전갈과 같은 꼬리와 쏘는 살이 있어 그 꼬리에는 다섯달 동안 사람들을 해하는 권세가 있더라"

황충은 전갈처럼 사람을 쏘는 권세를 받았다.

모양은 말처럼 생겼다. 전쟁터에 나가는 말처럼 어디든 달려갈 기세로 살기가 등등하고 한번 물면 놓지 않는 무서운 공격력과 파괴력을 가졌다. 사자 이빨에 사람 얼굴을 하고 긴 머리에 금관을 썼는데 이는 누구도 막을 수 없는 왕권을 가졌다는 의미다.

전투 시 가슴을 보호하기 위해 입는 것이 흉배다. 세상의 힘으로는 죽일 수 없음을 뜻한다.

악마적이고 무시무시한 황충이 이 세상에 풀려난다.

황충은 단순한 곤충이 아니다.

다섯째 나팔, 즉 첫째 화 때 있을 황충 재앙은 이제까지의 어떤 재앙보다도 파괴적이고 가혹한 것임을 말씀한다.

황충의 날개 소리는 달려가는 말 소리 같다.

그 수가 군대처럼 많고 신속하고 빠르게 움직인다는 걸 나타낸다.

무저갱에 답답하게 갇혀 있다가 밝은 세상에 나왔으니 오죽 기를 펴고 날아다니며 사람을 괴롭힐까 소름 끼친다.

③ 황충에게는 왕이 있다

* 계9:11절: “그들에게 왕이 있으니 무저갱의 사자라 히브리어로는 그 이름이 아바돈이요 헬라어로는 그 이름이 아볼루온이더라”

아바돈은 멸망시키는 자란 뜻이다. 파괴, 멸망이란 뜻을 가진 황충의 왕은 무저갱의 사자 바로 사탄이다.

파괴하고 멸망시키는 자를 왕으로 둔 부하들이 무슨 일을 할까? 멸망시키고 파괴하는 일을 한다.

그래도 절망할 필요는 없다. 지옥을 경험한다 해도 이 기간이 지나면 황충은 사람을 해칠 수 없다.

3) 황충은 다섯 달 동안이란 정해진 기간만 활동한다

* 계9:5-6절: "그러나 그들을 죽이지는 못하게 하시고 다섯달 동안 괴롭게만 하게 하시는데 그 괴롭게 함은 전갈이 사람을 쏠 때에 괴롭게 함과 같더라, 그날에는 사람들이 죽기를 구하여도 죽지 못하고 죽고 싶으나 죽음이 그들을 피하리로다"

하나님이 허락하신 기간은 5달이다.

무한정으로 사람에게 고통을 주지 못한다.

암에 걸리거나 불치병에 걸려도 사람은 고침 받고 살기를 원한다.

그런데 그 고통이 얼마나 심하면 차라리 죽기를 소원할까.

황충에 쏘인 고통이 참을 수 없어서 차라리 죽기를 원하지만 죽음이 피해간다. 너무 고통스러워서 실제로 죽고 싶어도 죽을 수도 없는 것이다. 생명은 하나님이 주신 것이다. 때문에 죽음은 하나님이 허락하실 때만 죽을 수 있다.

그나마 황충이 활동할 수 있는 기간이 5달로 정해져 있어서 다행이다. 기세등등한 황충이지만 정해진 기간은 5달, 150일이 지나면 사람을 해칠 수 없게 하셨다.

❖ 요엘서에도 이 말씀이 기록되어 있다.

* 요엘2:4-11: "그의 모양은 말 같고 그 달리는 것은 기병 같으며, 그들이 산꼭대기에서 뛰는 소리는 병거 소리와도 같고 불꽃이 검불을 사르는 소리와도 같으며 강한 군사가 줄을 벌이고 싸우는 것 같으니, 그 앞

에서 백성들이 질리고 무리의 낯빛이 하얘졌도다, 그들이 용사같이 달리며 무사같이 성을 기어오르며 각기 자기의 길로 나아가되 그 줄을 이탈하지 아니하며, 피차에 부딪치지 아니하고 각기 자기의 길로 나아가며 무기를 돌파하고 나아가나 상하지 아니하며, 성중에 뛰어 들어가며 성위에 달리며 집에 기어오르며 도둑같이 창으로 들어가니, 그 앞에서 땅이 진동하며 하늘이 떨며 해와 달이 캄캄하며 별들이 빛을 거두도다, 여호와께서 그의 군대 앞에서 소리를 지르시고 그의 진영은 심히 크고 그의 명령을 행하는 자는 강하니 여호와의 날이 크고 심히 두렵도다 당할자가 누구이랴"

황충은 단순한 곤충이 아니라 무저갱에서 올라온 악마적인 존재다.

5달 동안 차라리 죽고 싶을 만큼 괴롭지만 죽을 수도 없다.

왜냐하면, 황충은 사람을 죽일 권세는 받지 않았기 때문이다.

고통스럽지만 그래도 살아있으니 소망이 있다.

만약 우리 중에 누군가가 이 고통 중에 있는 자가 있다면 이 말씀을 기억하고 믿음을 지키며 끝까지 인내하라. 그래야 살 수 있다.

예수 믿는 자에게 소망을 주고, 끝까지 믿음을 지키게 해서 천국 백성 삼으시려는 하나님의 은혜가 있음을 기억하라.

그러므로 회개하라, 인내하라. 배운 이 말씀을 기억하라.

4) 황충은 하나님이 인을 친 자는 해할 수 없다

* 계9:4: "그들에게 이르시되 땅의 풀이나 푸른 것이나 각종 수목은 해

하지 말고 오직 이마에 하나님의 인침을 받지 아니한 사람들만 해하라 하시더라"

① 중요한 것은 황충은 인친 자는 해칠 수 없다는 것이다

사탄이 무저갱에서 나왔어도 하나님의 명령에 복종한다. 왜냐하면, 하나님이 주인이시기 때문이다.

오직 하나님의 인을 받지 않은 사람만 해하라는 명령을 받았다.

사람을 죽일 권세도, 인 맞은 자를 해할 권세도 받지 않았다.

인을 친자는 황충의 피해가 없다. 걱정하지 마라.

'하나님의 인'이 황충으로부터 보호해 주시기 때문이다.

이 말은 아직 들림 받기 전이라는 말이다. 들림 받지는 않았지만, 인은 맞은 상태에서 황충 재앙이 온다는 말이다.

② 교회 다니는 자는 황충의 피해를 받지 않을까?

하나님의 인침을 받지 않은 자만 해하라.

땅의 풀이나 푸른 것이나 각종 수목은 해하지 말라 하셨는데 이들은 누구인가? 4절을 반복해 읽어 보면 이들은 인 맞지 않은 교인이란 걸 알게 될 것이다.

이 황충 재앙 때 교회 안에는 인 맞은 자도 있고, 인 맞지 못한 자도 다 같이 예수를 믿고 있을 때이다.

교회에 다니지만 인 맞지 못한 자에게도 황충의 피해를 최소화

할 수 있도록 은혜를 주신다.

이때 인치심을 받지 못한 교인이 정신 차리고 열심히 예수를 믿는다고 인을 맞을 수 있는지는 알 수 없다.

하지만 인을 맞고 들림 받을 수 없다 해도 땅에서의 추수가 기다리고 있으니 이럴 때일수록 정신 바짝 차리고 예수 믿어야 한다.

다시 전한다. 인도 맞지 못했는데 왜 보호하실까?

이들 중에 천년왕국에 들어갈 자가 있기 때문이다.

그때가 되면 하나님의 관심은 인치심을 받은 자와 그나마 예수를 믿고 있는 자뿐이다.

③ 혹시 이 말씀을 잘못 해석해서 안심하고 있는 분들은 없으시길 바란다

믿지 않는 가족이나 전도 대상자를 풀이나 푸른 것이나 각종 수목으로 해석하는 것을 들으신 분이 있을 것이다.

내 가족이, 친척이 예수 믿지 않을 때 그동안 전도해도 여러 번 했을 것이다. 아직 믿지 않지만 언젠가는 믿겠지 하는 막연한 기대를 갖고 있는 가족이나 친지를 말씀하신 것이 아니다.

내 믿음으로 마지막까지 믿지 않는 가족을 푸른 것으로 생각해 살릴 수 있다는 해석은 너무 멀리 갔다.

자신의 믿음으로는 자신만 구원받을 뿐이다.

아직까지 하나님은 한 영혼의 구원에 관심이 있으시다. 그래서 전도해야 하는데 모든 것은 때가 있다.

전도하려면 늦어도 대환난 전에는 믿게 해야 안심할 수 있다. 물론 전 3년 반에 믿을 수도 있겠으나 엄청난 희생이 따를 것이고, 하늘의 별 따기일 것이다.

대환난이 오면 믿지 않는 자는 하나님도 관심 없으시다.

이 말씀을 알지 못해 절망하고 믿음을 포기하거나 또 안심하고 전도하지 않는다면 땅을 치고 후회할 것이다.

** 전 3년 반(여섯째 나팔, 둘째 화 시대) **

C. 사람 삼 분의 일 죽음: 세계 3차 전쟁

1) 전 세계인 1/3 죽음(불, 연기, 유황)

* 계9:12-21: "첫째 화는 지나갔으나 보라 아직도 이후에 화 둘이 이르리로다, 여섯째 천사가 나팔을 불매 내가 들으니 하나님 앞 금제단 네 뿔에서 한 음성이 나서, 나팔가진 여섯째 천사에게 말하기를 큰 강 유브라데에 결박한 네 천사를 놓아 주라 하매, 네 천사가 놓였으니 그들은 그 연월일시에 이르러 사람 삼분의 일을 죽이기로 준비된 자들이더라, 마병대의 수는 이만만이니 내가 그들의 수를 들었노라, 이 같은 환상 가운데 그 말들과 그 위에 탄자들을 보니 불빛과 자주빛과 유황빛 호심경이 있고 또 말들의 머리는 사자머리 같고 그 입에서는 불과 연기와 유황이 나오더라, 이 세 재앙 곧 자기들의 입에서 나오는 불과 연기와 유황으로 말미암아 사람 삼분의 일이 죽임을 당하니라, 이 말들의 힘은 입과 꼬리에 있으니 꼬리는 뱀같고 또 꼬리에 머리가 있어 이것으로 해하더라, 이 재앙으로 죽지 않고 남은 사람들은 손으로 행한 일을 회개하지 아니하고 오히려 여러 귀신과 또는 보거나 듣거나 다니거나 하지 못하는 금은동과 목석의 우상에게 절하고, 또 그 살인과 복술과 음행과 도둑질을 회개하지 아니하더라"

이제 직접적인 전쟁이 땅에서 일어난다.

유브라데에 결박한 네 천사가 놓였다. 이들은 사람 1/3을 죽인다.

불과 연기와 유황으로 전 세계인 1/3이 죽는다.

이것이 바로 3차 전쟁이다.

① 전쟁이 일어나는 이유

* 마5:38-42: "또 눈은 눈으로 이는 이로 갚으라 하였다는 것을 너희가 들었으나, 나는 너희에게 이르노니 악한 자를 대적하지 말라 누구든지 네 오른편 뺨을 치거든 왼편도 돌려 대며, 또 너를 고발하여 속옷을 가지고자 하는 자에게 겉옷까지 가지게 하며, 또 누구든지 너로 억지로 오 리를 가게 하거든 그 사람과 십리를 동행하고, 네게 구하는 자에게 주며 네게 꾸고자 하는 자에게 거절하지 말라"

믿는 자라고 바보처럼 당하고만 살고 싶었겠는가?

악을 악으로 갚고 싶어도 선으로 갚으라는 하나님의 말씀에 순종하고 복종하고 부종한 하나님의 사람들이다.

* 롬12:19: "내 사랑하는 자들아 너희가 친히 원수를 갚지 말고 하나님의 진노하심에 맡기라 기록되었으되 원수 갚는 것이 내게 있으니 내가 갚으리라고 주께서 말씀하시니라"

"원수 갚는 것이 내게 있으니 내가 갚으리라." 내가 갚아 주겠다고 말씀하셨다. 때문에 핏값을 하나님께 갚아 달라고 기도하는 것이다.

* 계6:9-11: "다섯째 인을 떼실 때에 내가 보니 하나님의 말씀과 그들이

가진 증거로 말미암아 죽임을 당한 영혼들이 제단 아래에 있어, 큰 소리로 불러 이르되 거룩하고 참되신 대주재여 땅에 거하는 자들을 심판하여 우리 피를 갚아 주지 아니하시기를 어느 때까지 하시려 하나이까 하니, 각각 그들에게 흰 두루마기를 주시며 이르시되 아직 잠시 동안 쉬되 그들의 동무 종들과 형제들도 자기처럼 죽임을 당하여 그 수가 차기까지 하라 하시더라"

억울한 순교자들이 피 값을 갚아달라는 기도를 드릴 때 이들에게 잠시 더 쉬라는 응답을 주신다. 언제까지? 순교자의 수가 차기까지 기다리란 답을 주셨다. 마지막 때는 성도의 피 값을 하나님이 갚아 주신다.

② 하나님은 순교자들의 피 값을 이렇게 갚아 주신다

* 출21:23-25: "그러나 다른 해가 있으면 갚되 생명은 생명으로, 눈은 눈으로 이는 이로 손은 손으로 발은 발로, 덴것은 덴 것으로 상하게 한 것은 상함으로 때린 것은 때림으로 갚을지니라"

모든 성도의 핏값을 한꺼번에 갚아 주시는 것이 무엇이겠는가? 전쟁이다. 순교자들을 죽였던 그 방식 그대로 갚아 주신다.

생명은 생명으로, 눈은 눈으로, 이는 이로, 손은 손으로, 발은 발로, 덴 것은 덴 것으로, 상하게 한 것은 상함으로, 때린 것은 때림으로 갚으시는 것이다.

이렇게 죽은 순교자들과 핍박받은 성도들의 아픔을 한꺼번에 다 갚아 주시는 것은 전쟁뿐이다. 그래서 전쟁이 일어난다.

* 계9:15: "네 천사가 놓였으니 그들은 그 연월일시에 이르러 사람 삼분의 일을 죽이기로 준비된 자들이더라"

연월일시는 하나님이 정하신 때를 말한다.

우리 아버지께서 자녀의 고통과 핏값으로 복음이 전파되게 하셨지만, 그렇다고 자녀의 고통과 피 값을 모른 척하지 않으신다.

마지막엔 다 갚아 주신다. "원수 갚는 것이 내게 있으니 내가 갚으리라." 아버지께서 말씀하셨다.

물론 눈물을 씻어 주시기도 하시고, 상급으로도 갚아 주신다. 그러나 진짜 눈에는 눈, 이에는 이, 생명에는 생명으로 갚아 주실 것이다.

어느 아버지가 자녀의 아픔을 잊겠는가? 절대 잊지 않는다.

자녀의 아픔을 절대 잊지 않으시고, 마지막 때에 행위록에 기록된 대로 다 갚아 주시는 것이다.

순교자들의 기도가 응답될 때 피에 대한 복수, 전쟁이 시작되는 것이다. 이 전쟁으로 전 세계인 1/3이 죽게 된다.

순교자들의 기도가 응답되는 순간이다.

여기서 이런 질문이 있을 수 있다.

지금 낙원에 있는 영들을 괴롭히고 죽인 자들은 이미 죽고 없다. 언제 적 일인지 알 수도 없다.

그런데 왜 그들의 후손들에게 핏값을 물으실까?

왜냐하면, 피는 피로 연결되기 때문이다.

* 민14:18: "여호와는 노하기를 더디 하시고 인자가 많아 죄악과 허물을 사하시나 형벌 받을 자는 결단코 사하지 아니하시고 아버지의 죄악을 자식에게 갚아 삼사대까지 이르게 하리라 하셨나이다"

예수 믿는 자는 예수 그리스도의 피를 물려받은 자요, 예수 믿지 않는 자는 죄의 피, 즉 사탄의 피를 물려받은 자이다.

다시 말해 순교자들을 죽이고 괴롭힌 자들은 예수 믿지 않는 자들이다.

믿지 않는 피를 물려받은 자들은 조상들의 핏값을 치러야 한다.

이는 가족 단위를 말씀하심이 아니다.

예수 믿는 자와 예수 믿지 않는 자로 나누신다.

예수 믿는 자는 하나님이 아버지이고, 예수 믿지 않는 자는 사탄이 아버지이다.

예수 믿지 않는 자는 순교자를 죽인 자를 아비로 둔 자요, 성도를 괴롭힌 자들의 자손이다.

때문에 그 핏값은 자손 3, 4대까지 내려간다.

이 3, 4대를 내려오면서 또다시 예수 믿지 않고 회개하지 않을 때는 계속해 더 악하게 죄를 짓기 때문에 3, 4대로, 또 3, 4대로 이 세상 종말까지 죄의 대가는 끊어지지 않고 핏값이 내려가는 것이다.

결코 죄를 사하지 않으시고 원수 갚는 것을 내가 갚으리라 말씀하신 아버지께서 예수 믿는 자녀를 괴롭히고 때리고 죽인 자들의 마지막은 그들도 똑같이 당하게 될 것이다.

전쟁이 일어나면 이 모든 것을 한꺼번에 다 갚아 줄 수 있는 것이다.

③ 불, 연기, 유황으로 전 세계인 1/3이 죽는다. 바로 핵전쟁이다

* 계9:17-19: "이같은 환상가운데 그 말들과 그 위에 탄자들을 보니 불빛과 자주빛과 유황빛 호심경이 있고 또 말들의 머리는 사자머리 같고 그 입에서는 불과 연기와 유황이 나오더라, 이 세 재앙 곧 자기들의 입에서 나오는 불과 연기와 유황으로 말미암아 사람 삼분의 일이 죽임을 당하니라, 이 말들의 힘은 입과 꼬리에 있으니 꼬리는 뱀 같고 또 꼬리에 머리가 있어 이것으로 해하더라"

셋째 나팔 때는 횃불같이 타는 큰 별 미사일이 강과 샘에 떨어졌으나 전 3년 반인 여섯째 나팔 때는 사람이 살고 있는 땅, 즉 나라와 도시에 떨어져 핵전쟁이 일어난다.

미사일이 도시 한복판에 떨어지면 사람들은 불과 연기에 죽는다.

우크라이나 전쟁만 봐도 도시 한복판에 전투기로 폭격하는 걸 보니 두려운 생각이 앞선다.

세계 전쟁이 일어나면 이보다 더한 핵전쟁에 불과 용암이 터져 누런 유황 연기와 화산재가 날리는 검은 연기에 질식사하는 자가 합하여 전 세계 인구 1/3이나 죽게 된다.

핵전쟁으로 인한 질병과 각종 재난이 코로나보다 천 배, 만 배 강력하게 올 것이다.

전쟁의 잔인함과 파괴력은 상상을 초월할 것이다. 세계 인구 1/3이 죽는다고 상상해 봐라.

* 계9:20-21: "이 재앙으로 죽지 않고 남은 사람들은 손으로 행한 일을 회개하지 아니하고 오히려 여러 귀신과 또는 보거나 듣거나 다니거나 하지 못하는 금은동과 목석의 우상에게 절하고, 또 그 살인과 복술과 음행과 도둑질을 회개하지 아니하더라"

이번 코로나 바이러스에도 믿음을 팔아먹거나 믿음을 잃어버린 자들이 많은데 대환난 때는 오죽할까?

믿는 자들이 회개하지 않고 점점 더 악해지고 우상을 섬기는 자들이 많이 나올 것도 말씀한다.

많은 사람이 미혹되어 믿음에서 떠나지만, 순교자들 또한 대거 나온다.

D. 작은 두루마리

1) 두루마리는 누구의 것인가?

① 이 두루마리는 원래 하나님이 가지고 계셨다

* 계5:1: "내가 보매 보좌에 앉으신 이의 오른손에 두루마리가 있으니 안팎으로 썼고 일곱 인으로 봉하였더라"

② 하나님으로부터 예수님이 받으셨다

* 계5:7: "그 어린양이 나아와서 보좌에 앉으신 이의 오른손에서 두루마리를 취하시니라"

③ 작은 두루마리를 천사가 받았다

* 계10:1-3: "내가 또 보니 힘센 다른 천사가 구름을 입고 하늘에서 내려오는데 그 머리 위에 무지개가 있고 그 얼굴은 해 같고 그 발은 불기둥 같으며, 그 손에는 펴 놓인 작은 두루마리를 들고 그 오른발은 바다를 밟고 왼발은 땅을 밟고, 사자가 부르짖는 것같이 큰 소리로 외치니 그가 외칠 때에 일곱 우레가 그 소리를 내어 말하더라

④ 이제 천사의 손에서 요한이 받아서 먹었다

* 계10:8-10: "하늘에서 나서 내게 들리던 음성이 또 내게 말하여 이르

되 네가 가서 바다와 땅을 밟고 서 있는 천사의 손에 펴 놓인 두루마리를 가지라 하기로, 내가 천사에게 나아가 작은 두루마리를 달라한즉 천사가 이르되 갖다 먹어 버리라 네 배에는 쓰나 네 입에는 꿀같이 달리라 하거늘, 내가 천사의 손에서 작은 두루마리를 갖다 먹어 버리니 내 입에는 꿀같이 다나 먹은 후에 내 배에서는 쓰게 되더라"

사도 요한은 천사가 가지고 있던 작은 두루마리를 받아먹었다.

책을 먹었다는 것은 내용을 이해하고 외우고 깨달았다는 뜻이다.

⑤ 사도 요한은 이 두루마리 책 내용을 깨닫고 많은 백성과 나라와 방언과 임금에게 예언하라는 사명을 받았다

* 계10:11: "그가 내게 말하기를 네가 많은 백성과 나라와 방언과 임금에게 다시 예언하여야 하리라 하더라"

작은 두루마리에 적힌 내용은 요한 계시록이다.

시대를 막론하고 누구든지 이 예언의 말씀을 듣고 깨달아 말세에 진실 된 믿음을 갖게 하셨다.

요한은 계시록을 기록한 후로 지금까지도 전 세계 그리스도인들에게 육성이 아닌 글로 예언의 말씀을 전하고 있는 것이다.

예수 믿는 성도들이 보고 듣고 말세를 준비하게 하는 것이다.

이는 우리에게도 예언한 것이다.

시대를 막론하고 사도 요한을 통해 선포된 계시록 말씀은 모든 그리스도인에게 종말 때까지 선포되는 것이다.

그러므로 계시의 말씀을 덮어 두고 있는 것은 하나님의 뜻을 잘 헤아리지 못한 우리의 잘못이다.

2) 작은 두루마리 책에 대한 말씀은 성경 여러 곳에서 말씀하셨다

* 합2:2-3: "여호와께서 내게 대답하여 이르시되 너는 이 묵시를 기록하여 판에 명백히 새기되 달려가면서도 읽을 수 있게 하라, 이 묵시는 정한 때가 있나니 그 종말이 속히 이르겠고 결코 거짓되지 아니하리라 비록 더딜지라도 기다리라 지체되지 않고 반드시 응하리라"

① 두루마리는 달려가면서도 읽을 수 있게 하라

달려가면서도 읽을 수 있을 정도면 글씨가 크고 내용이 간단명료하면서도 정확해야 한다. 이는 그만큼 긴박하다는 뜻이다.

왜냐하면, 시간이 없기 때문이다.

보다 많은 사람이 읽고 구원받아야 하기 때문이다.

두 증인 때가 되면 더 요약된 말씀이 나올 것이다.

우리나라도 왕이 있던 시대에 촌각을 다투는 일이 있을 땐 왕의 말씀을 다 기록해서 전할 수 없었다.

이때 두루마리에 핵심적인 몇 자만 적어 말을 타고 달려가 전했다.

이처럼 이 말씀은 그만큼 급하다는 것을 의미한다.

그때는 지금처럼 성경을 읽고 천천히 상고해 가면서 믿을 수 있는 시대가 아니다. 짧지만 구원받을 수 있는 핵심만 적은 것이다.

마지막까지 믿고 견디는 자에게 전하는 구원의 말씀이다.

지체하지 아니하리니, 속히, 시간이 없다, 마지막이 가까웠다는 뜻이다. 이 핵심 되는 말씀만 전하기에도 시간이 부족한 마지막 시대의 마지막 기회가 전 3년 반 시대다.

* 겔2:9-3:3: "내가 보니 보라 한 손이 나를 향하여 펴지고 보라 그 안에 두루마리 책이 있더라, 그가 그것을 내 앞에 펴시니 그 안팎에 글이 있는데 그 위에 애가와 애곡과 재앙의 말이 기록되었더라, 또 그가 내게 이르시되 인자야 너는 발견한 것을 먹으라 너는 이 두루마리를 먹고 가서 이스라엘 족속에게 말하라 하시기로, 내가 입을 벌리니 그가 그 두루마리를 내게 먹이시며, 내게 이르시되 인자야 내가 네게 주는 이 두루마리를 네 배에 넣으며 네 창자에 채우라 하시기에 내가 먹으니 그것이 내 입에서 달기가 꿀 같더라"

성경에는 다 짝이 있듯이 종말에 이루어질 일도 사도 요한에게만 알게 하셔서 기록하게 하지 않으셨다.

이미 구약의 선지자들을 통해 종말에 될 일들을 말씀하셨다.

마지막 하나님의 비밀이 이루어질 때는 이 세상은 종말이다.

② 사도 요한이 먹은 작은 두루마리 책은 쓴 말씀이기도 하고, 꿀 같이 단 말씀이기도 하다

작은 책이란 하나님이 가지고 계셨던 두루마리를 말한다.

두루마리 책 내용에는 애가와 애곡과 재앙에 대한 것이다.

쓰다는 것은 이 세상 종말이 오기 때문에 그 고통을 표현한 것이고, 달다는 것은 영원한 천국이 오고 그곳에 주님과 함께 살 생명의 말씀이 들어 있으니 꿀같이 단 것이다.

이렇듯 계시록 내용은 쓰기도 하고 달기도 한 종말에 대한 말씀이다.

3) 성령님이 하늘로 올라가신다

엡 4: 30 : "하나님의 성령을 근심하게 하지말라 그안에서 너희가 구원의 날까지 인치심을 받았느니라"

현재 우리가 예수를 믿을 수 있는 것은 성령님이 계시기 때문이다.

그런데 인치심이 끝나면 성령님이 올라가신다.

이 땅에서의 사명을 마치시고 예수님처럼 성부 하나님 곁으로 올라가신다.

성령 하나님은 예수님이 부활하여 승천하신 후에 오셔서 휴거 될 그리스도인들에게 인을 맞을 수 있도록 도우시는 일까지 하신다.

믿을 수 있는 은혜를 주시고, 말씀과 죄를 깨닫고 회개할 수 있게 인도하셨기에 부족하지만 인치심을 받을 수 있었다.

이 인치심이 끝나고 나면 더 이상 천국 백성을 인치실 일이 없다. 성령님이 남아 무엇을 하시겠는가? 올라가신다.

천사도 올라간다.

막 18:10 : "삼가 이작은자 중의 하나도 업신여기지 말라 너희에게 말하노니 그들의 천사들이 하늘에서 하늘에 계신 내 아버지의 얼굴을 항상 뵈옵느니라"

이 말은 은혜시대가 끝났다는 것을 의미한다.

그러나 천사나 성령님이 하시던 일을 누군가는 해야 한다. 왜냐하면, 보호처로 인도해야 하는 천국 백성들이 있기 때문이다. 성령님은 하늘로 올라가시고 두 증인은 인치심을 받지 못한 성도들을 위해 사명을 받은 자들이다. 두 증인은 성령님이 하시던 일 중 회개를 선포해서 보호처로 갈 수 있도록 돕는 역할을 한다.

E. 두 증인

1) 두 증인이 두 감람나무와 두 촛대다

① 두 증인의 권세

* 계11:3-4: "내가 나의 두 증인에게 권세를 주리니 그들이 굵은 베옷을 입고 천이백육십일을 예언하리라, 그들은 이 땅의 주 앞에 서 있는 두 감람나무와 두 촛대니"

감람나무와 촛대는 두 증인이라 말씀하신다.

이단의 교주들은 자신이 감람나무와 촛대라 말하며 속였다. 지금은 한술 더 떠 자신이 하나님, 예수님, 보혜사(성령)라 말하며 속인다.

자신이 이런 무소부재한 능력을 갖고 있다 말하며 성도들을 꾀는 것이다. 그러나 육의 사람은 하나님, 예수님, 성령님이 될 수 없다는 사실만 알아도 잘못되는 일은 없을 것이다.

그들로 인해 교회와 성도가 손가락질당하고 유린당하지만 마지막까지 뽑지 않고 두시는 이유는 그중에 천에 하나, 만에 하나, 한 생명을 살리기 위한 하나님의 사랑이심을 깨달아야 한다.

② 두 증인은 엘리야와 모세가 받은 권세와 능력을 행한다

* 계11:5-6: "만일 누구든지 그들을 해하고자 하면 그들의 입에서 불이 나와서 그들의 원수를 삼켜 버릴 것이요 누구든지 그들을 해하고자

하면 반드시 그와 같이 죽임을 당하리라. 그들이 권능을 가지고 하늘을 닫아 그 예언을 하는 날 동안 비가 오지 못하게 하고 또 권능을 가지고 물을 피로 변하게 하고 아무 때든지 원하는 대로 여러 가지 재앙으로 땅을 치리로다"

두 증인은 하나님으로부터 생명을 보호받을 뿐 아니라 사탄의 세력을 해할 수 있는 권세까지 받았다.

입에서 불이 나와 원수를 삼키고 예언하는 날 동안 비가 오지 못하게 한다. (불=심판을 상징)

이 말은 입에서 진짜 뜨거운 불을 뿜어낸다는 말이 아니라 불 같은 하나님의 말씀을 토해 낼 것을 말한다.

두 증인의 입에서는 불같은 하나님의 메시지가 선포될 것이다.

* 약5:17: "엘리야는 우리와 성정이 같은 사람이로되 그가 비가 오지 않기를 간절히 기도한즉 삼년 육개월 동안 땅에 비가오지 아니하고"

엘리야는 3년 6개월간 비가 오지 않기를 기도하자 비는 오지 않았다.

3년 6개월이면 42개월이고, 1,260일이다.

두 증인도 예언하는 날 동안 비가 오지 못하게 한다. 이유는 두 증인의 예언이 거짓이 아닌 진짜라는 증거로 엘리야의 표적을 보여 주시는 것이다. 이는 믿는 자들이 듣고 회개하게 하기 위해서다.

❖ 모세는 나일강 물을 피로 변하게 했다.

* 출7:17: "여호와가 이같이 이르노니 네가 이로 말미암아 나를 여호와인줄 알리라 볼지어다 내가 내 손의 지팡이로 나일강을 치면 그것이 피로 변하고"

모세가 물을 피로 변하게 한 것처럼 두 증인도 물을 피로 변하게 한다. 이렇게 두 증인이 불가사의한 능력을 행하는 것은 여호와가 하시는 일이라는 것을 알리기 위함이다.

모세와 엘리야가 행했던 능력과 권능보다 더 큰 능력을 행할 수 있는 자가 두 증인이다.

두 증인은 천사나 죽어 낙원에 있는 모세나 엘리야가 아니다.

두 증인은 이 땅에 살아 있는 감람나무와 촛대라 말씀하시는 참 예언자, 참 선지자다.

2) 두 증인이 성전 측량을 한다

① 성전 바깥마당은 측량하지 말고 그냥 두라

* 계11:1-2: "또 내게 지팡이 같은 갈대를 주며 말하기를 일어나서 하나님의 성전과 제단과 그 안에서 경배하는 자들을 측량하되, 성전 바깥마당은 측량하지 말고 그냥 두라 이것은 이방인에게 주었은즉 그들이 거룩한 성을 마흔 두달 동안 짓밟으리라"

성전 안과 바깥마당은 둘 다 교회를 가리키지만 나눠질 것을 말씀한다. 성전과 제단에서 경배하는 자는 측량하고, 성전은 성전인데 바깥마당은 측량하지 말라셨다. 측량할 부분과 측량하지 말고 그냥 둘 부분으로 나눠진다.

② 성전 안을 측량했다는 것은 성전 생활하는 자를 말한다

원래 살아 있는 것은 제물이 되지 못한다.

제단 생활을 하며 말씀에 순종하며 살려면 자신을 죽여야 한다. 자신이 살아서는 절대 제물이 되지 못한다. 말씀에 순종해서 하나님께 제물이 된 자신을 드리는 생활이 제단 생활이고, 교회 생활이다.

이들은 성전 안에서 생활하는 자들이다. 은밀한 골방에 들어가 하나님 아버지를 만나는 자들이고, 신령한 하나님 집에서 예배드리는 자들이다. 언제나 성전을 사랑하고 성전에 가고자 애쓰는 자는 주님을 영접하고 주님과 교제하는 자이다.

그러려면 시간부터 제단에 바쳐야 한다. 예배드리는 시간, 기도하는 시간, 성경 읽는 시간, 전도와 봉사하는 시간을 드리고 자신의 모든 것을 산제사로 드리려고 힘쓰는 자이다.

이런 자가 성전 안에 거하는 자다.

❖ 성전 바깥마당은 측량하지 말라, 바깥마당은 이방인에게 주었다.

성소와 지성소까지 들어가지 못하고 신앙생활 하는 자를 말한다. 종말에는 성전 바깥마당에 있는 자들이 너무 많다.

교회에 다니긴 하고 세례도 받고 직분도 받았는데 믿음이 있다고도, 없다고도 할 수 없는 사람, 즉 영적 세계에 들어가지 못하고 교회만 왔다 갔다 하는 자이다. 어디를 봐도 세상 사람 같은 사람이다.

형편에 따라 말씀을 지키기도 하고 버리기도 하는 사람이다.

평상시에는 믿는 것 같지만, 득과 실 앞에서 또 시험과 고난이 오면 원망하고 불평하면서 믿지 않는 자처럼 말하고 행동한다.

하나님도 이런 자는 이방인 대하듯 내버려두신다. 언제까지 42달, 전 3년 반 동안 이들은 죽을 고생을 한다. 무참히 짓밟힘을 당한다.

③ 교회 나와 예배드려도 생명의 말씀을 달게 받지 못하는 자와 말씀을 두려워하지 않는 자는 성전바깥 마당에 있는 자다

* 사1:12: “너희가 내 앞에 보이러 오니 이것을 누가 너희에게 요구하였느냐 내 마당만 밟을 뿐이니라”

성전 바깥마당에 있는 자는 이방인 취급하신다. 교인이라는 이름은 있지만 어떤 이유에서건 성전 안으로 들어올 생각 없이 마당에만 있는 자다. 그 사람 안에 말씀이 없으니 죄를 지어도 별다른 가책도 없다.

이들은 인침을 받지 못한다. 책망을 받고 권고하심을 받을 때가 좋은 것이다. 이것이 떠나면 끝이다. 이들은 휴거되지 못하고 남는 자다.

④ 열심을 냈든 아니든, 인침을 받을 믿음에서 낙오된 자도 포함 된다

한때는 열심히 믿었고 주의 일도 열심히 했으나 바리새인처럼 다 까먹고 빈껍데기만 가진 자도 포함될 것이다.

남들 앞에선 믿음 있는 척하지만, 자신을 돌아보면 초라하기 그지없는 자이다.

이들은 대환난 때 성전 마당이 짓밟히는 것처럼 사탄과 사탄을 따르는 자들에 의해 혹독하게 짓밟힘을 당할 것이다.

결국, 인침 받지 못한 풀이나 푸른 것이나 각종 수목은 해하지 말라 하신 말씀과 성전은 성전인데 바깥마당을 이방인에게 주어 42달 동안 짓밟히는 것은 일맥상통하는 말씀이다.

많은 이들이 예수를 배반할 것이나 그래도 하나님이 버리지 않으시는 이유는 이들 중에 알곡 될 자들, 보호처로 갈 자들이 있기 때문이다.

① 이들은 굵은 베옷을 입고 예언한다

* 계11:3: “내가 나의 두 증인에게 권세를 주리니 그들이 굵은 베옷을 입고 천이백육십일을 예언하리라”

1,260일은 3년 반이고, 42달이고, 한 때, 두 때, 반 때이다.

두 증인은 1,260일간, 다시 말해 전 3년 반 내내 굵은 베옷을 입고 예언한다. 베옷은 괴로움을 나타내는 옷으로 회개할 때 입는 옷이다. 다시 말해 두 증인은 회개운동을 펼치는 자들이다.

과연 이런 고난 중에서 성전 마당에 있던 자 중에 회개하고 구원받을 자가 얼마나 있을까? 걱정이다.

이 말씀을 전도 대상자로 잘못 알고 전도를 늦춘다면 땅을 치고 후회할 것이다.

믿지 않는 자는 성전 바깥뜰과 푸른 것에 포함되지도 않기 때문이다

② 두 증인의 사명

두 증인은 회개해서 천년왕국에 갈 수 있도록 돕는 사명이다.

불을 토하는 것 같은 외침을 듣고 마음에 찔려 회개하고 깨끗해지면 보호처로 인도함을 받을 수 있을 것이다.

이때 두 증인은 '언제 어디로 모여라.' 또는 '어느 장소가 보호처다, 믿는 자는 다 그리로 모여라.' 이런 것을 전하는 것이 아니다.

만약 그렇다면 명절 때 고속도로가 밀리듯이 말씀을 들은 기억이 있는 자도, 긴가민가하는 자도, 믿음이 없는 자도, 어떤 자는 어디 가는 줄도 모르면서도 쫓아갈 수도 있겠지만, 마지막 때는 그렇게 간단하지가 않다.

눈에 보일 정도로 많은 사람이 보호처로 줄지어 들어가는 것이

아니다. 회개해서 깨끗하게 된 사람만 하나둘씩 들어갈 것이기 때문에 알 수가 없다.

두 증인의 사명은 성전 마당에 있는 자들, 즉 풀이나 푸른 것이나 각종 수목을 회개시켜 한 영혼이라도 더 천년왕국에 들이는 구원운동을 마지막으로 일으키는 사명자다.

주의 권능과 능력 행함을 보고 흔들리지 않는 주의 백성 되게 하기 위함이다.

두 증인은 42달, 전 3년 반 내내 회개시키는 사명을 받은 것이다.

예수를 믿지만 우왕좌왕하는 자들에게 회개 말씀을 전하는 것이다.

❖ 이 귀한 시간에 웬 회개의 말씀만을 전할까?

회개 말씀만 전하는 이유는 천국은 깨끗한 자가 아니면 갈 수 없는 곳이기 때문이다. 때문에 천년왕국에 들어가려면 오직 회개뿐이다.

끝까지 믿음을 지키기 위해 목숨 걸고 안간힘을 쓰고 있는 자들을 위로하고 인내할 수 있도록 두 증인을 보내시는 것이다.

이때 사탄이 방해하면 하나님이 주신 능력과 권능으로 두 증인이 이들을 제압하는 것이다.

두 증인이 전하는 말씀을 듣고도 예수를 부인하는 자들은 아주 많다.

왜냐하면, 그만큼 때가 악하기 때문이다.

예수 믿는 자들을 잔인하게 죽이는 시대이기 때문이다.

때문에 순교자가 가장 많이 나오는 시대가 전 3년 반이기도 하다.

두 증인이 전하는 말씀을 듣고도 회개하지 않으면 구원받을 수 있는 기회는 사라진다. 두 증인의 예언은 오직 회개하라는 운동을 펼치는 것이다. 회개하는 자는 천년왕국에 들어갈 수 있는 마지막 기회를 얻는 것이다.

이때 믿지 않는 자가 구원받을 수 있는 기회가 있을까? 있을 수도 있을 것이다. 전 3년 반까지는 천국 문은 열려 있기 때문이다. 그러나 이때 두 증인의 말씀을 듣고 예수 믿기란 로또를 맞은 확률도 안 될 것이라 생각한다.

마지막 이때 남은 성도는 목숨 걸고 믿음을 지켜야 구원받을 수 있다. 전 3년 반은 남은 자에게 마지막 기회를 주시는 최후의 기간이다.

이 3년 반 안에 승부가 가려진다.

보호처로 인도함을 받는 때는 후 3년 반 때이나 두 증인 때 회개하고 믿음의 노선을 확실히 하지 않으면 영영 기회는 없다.

보호처에 대해서는 다음 시간에 전한다.

4) 두 증인의 죽음

① 두 증인이 순교한다

*계11:7-10: "그들이 그 증언을 마칠 때에 무저갱으로부터 올라오는 짐승이 그들과 더불어 전쟁을 일으켜 그들을 이기고 그들을 죽일 터인즉, 그들의 시체가 큰 성 길에 있으리니 그 성은 영적으로 하면 소돔이라고도 하고 애굽이라고도 하니 곧 그들의 주께서 십자가에 못박히신 곳이라, 백성들과 족속과 방언과 나라 중에서 사람들이 그 시체를 사흘반 동안을 보며 무덤에 장사하지 못하게 하리로다, 이 두 선지자가 땅에 사는 자들을 괴롭게 한 고로 땅에 사는 자들이 그들의 죽음을 즐거워하고 기뻐하여 서로 예물을 보내리라 하더라"

두 증인은 이 세상에서 전도하는 마지막 종이다.

이들이 증언을 마칠 때, 다시 말해 선 3년 반 동안의 사명을 마칠 때 무저갱에서 올라온 짐승이 두 증인을 죽였다.

두 증인의 시체는 큰 성 길에 무방비 상태로 3일 반 동안 버려진다.

사람들은 두 증인의 죽은 모습을 보면서 기뻐하고 서로 선물을 보내며 즐거워한다. 양심을 찌르는 자가 죽었으니 춤출 듯이 기쁜 것이다.

3일 반 동안이나 길에 버려진 시체는 부패했고, 또 사람들에 의해 시체가 훼손됐다. 온전한 모습이 아님을 말한다.

이곳은 주께서 십자가에 못 박히신 곳이라, 예수 그리스도께서 십자가에서 죽으시고 우리를 살리신 것처럼 두 증인은 성전 마당에 있는 자들을 살렸다.

② 이것이 마지막 전도다

더 이상 복음 전하는 자도 없고, 더 이상 구원받을 사람도 없다.

5) 두 증인이 하늘로 올라간다

① 두 증인이 부활해서 구름을 타고 하늘로 올라갔다

* 계11:11-12: "삼일 반 후에 하나님으로부터 생기가 그들 속에 들어가매 그들이 발로 일어서서 구경하는 자들이 크게 두려워하더라, 하늘로부터 큰 음성이 있어 이리로 올라오라 함을 그들이 듣고 구름을 타고 하늘로 올라가니 그들의 원수들도 구경하더라"

두 증인은 3일 반 동안 죽었다가 살아났을 때 영의 몸으로 부활한다.

어떻게 부활의 몸을 입은 것을 알 수 있을까?

시체가 심하게 훼손됐을 뿐만 아니라 육체로 구름을 타고 하늘로 올라갈 수 있는 사람은 없기 때문이다.

엘리야가 육체로 올라갈 때 불말과 불수레를 보내셨다. 왜냐하면, 육체이기 때문이다. 육체는 스스로 하늘로 올라갈 수가 없기 때문에 불수레에 태우셨던 것이다.

그러나 두 증인은 "이리로 올라오라 함을 그들이 듣고 구름을 타고 올라갔다." 뭔가 타고 올라가야 하는 육체가 아니라 스스로 올라갈 수 있는 몸이 된 것이다.

두 증인은 예수님처럼 죽었다가 부활의 몸을 입고 예수님처럼 구름 타고 하늘로 올라간다.

부활의 몸, 영체를 입은 것이다.

이 세상을 살다간 사람 중에 그 누구도 영의 몸을 입은 자는 없다.

두 증인이 최초로 영의 몸, 부활의 몸을 입게 되는 영광을 얻게 된다. 그럼 두 증인만 먼저 영체를 입고 무얼 할 수 있을까, 영체를 입었으니 낙원에 갈 수도 없다. 그럼 어디로 갈까?

F. 휴거

1) 휴거다. 인 맞은 자들이 영의 몸을 입고 하늘로 올라가는 휴거가 이뤄지는 것이다

두 증인은 첫 번째로 부활의 몸을 입는 자들이다. 그러므로 두 증인이 구름 타고 올라가는 것이 휴거의 신호탄이 될 것이라 알려주셨다.

우열을 가릴 수 없을 만큼의 동시다발적으로 순식간에 하늘과 땅에서 이뤄질 것이다. 두 증인이 영의 몸을 입고 하늘로 올라가는 것에 맞춰 낙원에 있는 영들이 부활의 몸을 입을 것이고, 또한 인치심을 받은 자들도 이때 영의 몸을 입고 휴거될 것이란 것을 조심스럽게 전한다.

우리도 휴거될 것으로 믿는다. 이때 모두 휴거되기를 소망한다. 이는 곧 예수님 공중 재림이다.

때문에 공중 재림은 전 3년 반 때 일어날 것이다.

두 증인이 구름 타고 하늘로 올라가고 살아있는 자들이 휴거되면 잠시 후 후 3년 반이 시작된다. 더 이상 복음 전하는 자도 없고, 더 이상 구원받을 사람도 없다. (공중 재림에 대해서는 다음 시간에 전한다.)

G. 만에 하나 휴거되지 못할 경우도 대비해야 한다

1) 마지막 대비

① 죽음의 고통 속에서 3년 반은 엄청나게 긴 기간이다

두 증인이 회개운동을 일으키는 1,260일이 끝나고 이들이 하늘로 올라갈 때 산 자들도 휴거될 자는 휴거되고, 보호처로 갈 자는 준비할 것이다.

때문에 보호처에 들어가기 전까지 이 땅에 남은 자라면 기억하는 말씀을 되새겨서 흔들리지 않는 믿음으로, 또 두 증인에게서 들은 말씀을 마음에서 되새김질해야 한다.

한 말씀이라도 생각나면 자신의 영혼을 지킬 수 있을 것이다.

믿음으로 견디지 못하면 사탄에게 먹히고 만다.

그때는 성령의 인도를 전혀 받을 수 없다. 이유는 성령님이 계시지 않기 때문이다. 이 말씀을 알면 견딜 수 있을 줄 믿는다.

성령께서 계시지 않기 때문에 회개하고 보호처에 들어갈 자들의 기도는 벽에 부딪히는 느낌을 받고, 아무리 울부짖어도 응답이 없을 것이다. 이때는 어떤 기도도 응답되지 않는다.

허공을 치는 기도일 뿐이다.

은혜도, 감동도, 깨달음도, 은사도 없다. 그동안 이끌어 주셨던 내 안에 있는 말씀과 믿음을 붙잡고 버텨야 살 수 있다.

말씀을 붙잡고 회개하며 기다려야 한다. 포기하지 말라. 이젠 끝났다는 생각이 들고 사탄도 끝났다고 속삭여도 끝까지 인내해야 살 수 있다.

이들은 인 맞은 것이 아니기 때문에 믿음으로 견디지 못하면 회개했다 하더라도 다시 죄를 짓고 사탄에게 먹히고 만다.

죽음과 같은 괴로움이 온다 해도 이겨내야 한다.

이때 안타깝게도 당신이 이 세상에 남아 있다면 이 말씀을 꼭 기억하고 계속 회개하고 또 회개하며 인내하라.

깨끗하게 회개된 자부터 보호처로 들어갈 것이다.

소망이 없는 것처럼 느껴지고 심지어 절망이 와도 인내하시길 축복한다. 그럼 천년왕국에 들어갈 수 있다.

② 이 시기에 대거 순교자들이 나온다

이들 중에는 정신 차리고 목숨 걸고 예수를 믿는 사람이 있는가 하면 핍박에 못 이겨서, 또 말씀을 몰라서, 그런가 하면 가족 때문에 자포자기하고 예수를 부인하는 자들은 더 많을 것이다.

이때 예수를 부인하면 두 번 다시 천국 갈 수 있는 기회는 없다.

그때까지 믿었던 자들은 말씀을 생각하며 죽기를 각오하고 버텨야 후 3년 반에 구원받을 기회가 주어진다. 아니면 영원히 지옥 간다.

이 시기에 순교자가 무더기로 나올 만큼 믿는 자들에게 있을 핍박은 극에 달한다. 예수를 믿지 않던 자들은 믿을 기회를 놓쳐 버렸다.

더 이상 기회는 없다.

이때 남은 자라면 보호처로 가는 길과 순교의 길이 남아 있다.

보호처보다는 순교할 기회가 주어진다면 무조건 순교해라. 순교가 안전한 길이고, 최고의 길이다.

휴거되지도 못했고, 두려워서 순교도 할 수 없는 자에게 천년 왕국에 들어갈 수 있는 마지막 기회가 있다는 이 말씀을 꼭 기억하라. 그래야 살 수 있다. 두 증인 말씀을 기억하고 철저하게 회개하고 또 회개하라. 깨끗하게 되면 보호처로 인도되어 구원받을 수 있다. 포기하지 말고 승리합시다!

③ 자신의 믿음만 지켜라

* 계13:8: "죽임을 당한 어린 양의 생명책에 창세 이후로 이름이 기록되지 못하고 이 땅에 사는 자들은 다 그 짐승에게 경배하리라"

만약 들림 받지 못하고 이 땅에 남아 있게 된다면 믿지 않는 남편이고 아내고 자식이고 신경 쓰지 말고 오직 자신의 믿음만 지켜라.

어차피 그들은 내가 어떻게 할 수 없는 지옥 백성이다. 가족 때문에 절대 믿음 포기하지 말라. 자신의 믿음도 지키기 어렵다.

④ 끝까지 견디는 자만 구원받는다

* 마10:21-22: "장차 형제가 형제를 아버지가 자식을 죽는데에 내주며 자식들이 부모를 대적하여 죽게 하리라, 또 너희가 내 이름으로 말미암아 모든 사람에게 미움을 받을 것이나 끝까지 견디는 자는 구원을 얻으리라"

핍박에 못 이겨 가족이 가족을 신고하여 죽게 한다.

믿는 자 중에서도 보호처에 들어갈 자들은 극소수에 불과하다.

왜 아니겠는가? 성전 바깥마당에 있던 자들, 들림 받지 못한 자들의 믿음이 좋으면 얼마나 좋겠는가?

이 책을 읽는 그리스도인 중에서 혹시라도 이때 남아 있다면 말씀을 기억하고 육의 몸을 지키려고 노력하지 말고 자신의 영을 지켜라.

어차피 육은 예수님 지상 재림하시면 살지 못한다.

죽으면 죽으리라는 믿음으로 나가면 순교자는 순교하겠지만, 순교자의 반열이 아니면 어떻게든 믿음을 지키며 살아야 한다.

이들에겐 전 3년 반에 두 증인이 전하는 회개의 말씀을 듣고, 후 3년 반을 대비할 수 있다는 것이 소망 중 소망이다.

또 가족이 이때 믿음을 가졌다면 기회는 있다.

이때는 서로 말씀과 기도로 격려하고 남은 자끼리 의지하며 견뎌야 살 수 있다. 사탄에게 믿음을 빼앗기지 않기 위해 목숨 걸고 가족이 뭉쳐야 살 수 있다.

만약 불행히도 이때 남게 되어도 절망하고 포기하지 말라. 말씀을 모르면 자포자기하고 지옥으로 갈 수밖에 없겠지만, 이 말씀을 기억한다면 회개하고 견뎌서 천년왕국에서 봅시다.

③ 불신자는 사탄에게 영생을 내주고 목숨을 부지한다

믿음을 버린 자나 말씀을 몰라서 포기한 자는 사탄에게 항복하고, 육의 목숨을 선택한다. 이때 666을 받게 된다.

9

공중 재림과 휴거

♦ 전 천년설과 후 천년설과 무 천년설에 대한 견해

이는 천년설을 가운데 놓고 예수님 재림이 전이냐 후냐 아니면 무냐를 말하는 것이다.

전 천년설과 후 천년설과 무 천년설에 관해서는 성경에서 찾기가 어렵다. 학자마다 다르고, 교파나 목사님마다 주장하는 설이 다르다. 지금은 3가지 설 중 하나를 강력하게 주장하는 교단이나 목사님을 만나보기도 쉽지 않다.

왜 안 그렇겠는가? 재림에 대해서도 말씀을 전하지 않는데 천년설이 전, 후, 무가 뭐 그리 중요한 문제겠는가? 가끔 설교 내용에 따라 그때마다 필요한 부분을 섞어 전할 뿐이다.

* 전 천년설: 천년왕국 전에 예수님 재림하신다는 설이다.
  전에는 우리나라 교회들이 전 천년설을 많이 따랐으나 지금은 아니다.
* 후 천년설: 세상이 천년왕국이 되고, 그 후에 예수님 재림하신다는 설이다. 전 세계 많은 교회가 후 천년설을 따랐지만, 지금은 이 주장이 사라지는 추세다.
  가끔 지금이 천년왕국 시대, 또는 이 세상이 천국이라 말하는 것을 듣는다. 그런 분은 후 천년설을 지지하는 것이다.
* 무 천년설: 천 년을 상징으로 보고 천년왕국이 없다고 보는 견해다.

요즘 우리나라 교회들이 무 천년설을 많이 따르는 추세다. 그러다 보니 천 년을 상징으로 해석하는 것이다.

이 모두 예수님 재림을 한 번으로 보는 것이다.

유럽의 개혁교회들도 무 천년설을 따르는 추세지만, 최근 학자들은 공중 재림과 지상 재림을 분리하기도 한다.

나에게 주신 재림은 1번이 아니라 2번의 재림이라 알려 주셨다.

공중 재림과 지상 재림이 상징이 아니라 실제로 있을 것과 천년 왕국도 상징이 아니라 실제로 있을 것을 성경을 열고 영안을 열어서 알려 주셨다.

A. 죽은 자들은 모두 영의 나라에 있다

1) 사람이 죽으면 영은 낙원과 음부로 간다

① 죽으면 곧바로 영과 육이 분리되어 가는 곳이 영의 나라다

사람이 살아 있을 땐 몸을 가지고 있기 때문에 시간과 공간의 제약을 받는다. 그러나 죽어서 몸이 없는 영은 제약을 받지 않는다.

평소에 가고 싶고, 보고 싶다 생각했던 곳을 몇 주나 몇 시간은 둘러봐야 볼 수 있는 것이 아니다. 동시에 다 볼 수 있는 것이다.

영은 시간과 공간에 제약을 받지 않기 때문에 미국이라 해도, 북한이라 해도 한 번에 다 볼 수 있다.

때문에 죽으면 지체하지 않고 곧바로 낙원으로 갈 영은 낙원으로, 음부로 갈 영은 음부로 가는 것이다. (네가 오늘 나와 함께 낙원에 있으리라.) 예수님도 운명하신 그날 영으로 낙원에 가셨다.

예수님과 같은 날 죽은 우편 강도도 그날 영으로 낙원에 갔다.

육이 죽고 영만 남아 있을 때 그 영은 이 땅에 머물러야 할 이유가 없는 것이다.

그러므로 죽는 순간 바로 육과 영이 분리되어 영의 세계로 들어간다.

다만, 바로 부활할 수 없기에 영만 머물 수 있는 낙원과 음부가 필요하고, 그곳에서 부활의 몸을 기다리고 있는 것이다.

2) 예수님은 3일 만에 부활하셨다

* 요20:15-17: "예수께서 이르시되 여자여 어찌하여 울며 누구를 찾느냐 하시니 마리아는 그가 동산지기인줄 알고 이르되 주여 당신이 옮겼거든 어디 두었는지 내게 이르소서 그리하면 내가 가져가리이다. 예수께서 마리아야 하시거늘 마리아가 돌이켜 히브리 말로 랍오니 하니 이는 선생님이라는 말이라. 예수께서 이르시되 나를 붙들지 말라 내가 아직 아버지께로 올라가지 아니하였노라 너는 내 형제들에게 가서 이르되 내가 내 아버지 곧 너희 아버지 내 하나님 곧 너희 하나님께로 올라간다 하라 하시니"

부활은 꼭 하늘나라에서만 있는 일은 아니다.

예수님이 이 땅에서 부활하셨듯이 마지막 때 살아 있는 성도들도 이 땅에서 영의 몸으로 부활해서 공중으로 올라갈 것이다.

① 나를 붙들지 말라 아직 아버지께로 올라가지 아니하였노라

마리아를 만나신 것은 막 부활의 몸, 영의 몸을 입으신 직후였다.

부활의 몸을 입으셨지만 아직은 완전하지 않은 몸이라서 나를 붙들지 말라 하신 것이 아니다. 부활하는 순간 완전한 몸이 된다.

예수님은 영체를 입으셨으니 당연히 영체를 입고 사는 나라에 가셔서 가장 먼저 하나님 아버지부터 뵈어야 하는 것이 순서다.

그런데 3일 동안 몸은 죽어 무덤에 계셨고, 영은 낙원과 음부에 다녀오셨다. 그 후 무덤에서 부활하셨으니 이제 아버지를 뵈러 가시려고 할 때 이때 마리아가 부활하신 예수님을 만난 것이다.

예수님은 영만 가지고 아버지를 뵙지 않았다.

그 나라는 완전한 나라다. 영만 있다는 것은 아직 미완성이다.

때문에 부활의 몸, 영체를 입고 아버지를 만나신 것이다.

'사명 감당하고 왔습니다.' 이렇게 아버지를 뵙는 것이 당연하다.

❖ 우리도 부활의 몸을 입으면 우리의 왕이시고, 신랑이신 예수님을 가장 먼저 뵈올 것이다.

부활의 몸을 입자마자 다른 데 가는 것이 아니다.

곧바로 공중으로 올라가 예수님을 뵙는다. 낙원에 있는 영들도 부활의 몸을 입자마자 곧바로 공중으로 와서 예수님을 뵈올 것이다.

그리고 공중에서의 잔치가 이뤄지는 것이다.

그때 예수 믿은 모든 영은 영의 몸을 입고 잔치에 참예하는 것이다.

영만 있다면 아무것도 할 수 없지만, 몸이 있으니 잔치에 참여할 수 있는 것이다.

누구와의 잔치일까? 왕이신 예수 그리스도와의 잔치이다.

우리의 왕께 가장 먼저 완전하고 아름다운 부활의 모습으로 경배드리는 것이다. 이 자리에 몸이 없이 영으로 오는 자는 아무도 없다.

② 그 후 하나님 아버지를 뵙고 오셨다

* 요20:26-29: "여드레가 지나서 제자들이 다시 집안에 있을때에 도마도 함께 있고 문들이 닫혔는데 예수께서 오사 가운데 서서 이르시되 너희에게 평강이 있을 지어다 하고, 도마에게 이르시되 네 손가락을 이리로 내밀어 내 손을 보고 네 손을 내밀어 내 옆구리에 넣어보라 그리하여 믿음 없는 자가 되지 말고 믿는 자가 되라. 도마가 대답하여 이르되 나의 주님이시오 나의 하나님이시니이다. 예수께서 이르시되 너는 나를 본고로 믿느냐 보지 못하고 믿는 자들은 복되도다 하시니라"

8일이 지난 후 도마에게 내 손을 만져 보고 내 옆구리에 손을 넣어 보라는 말씀은 이미 하나님 아버지를 뵙고 오셨다는 말씀이다.

만져도 되고 문이 닫혔는데도 빛처럼 통과해서 들어오시는 자유자재의 완전한 부활의 몸이셨음을 말씀한다.

③ 지금 하늘나라는 나누어져 있다

하나님이 계시는 천국은 영체가 사는 완전한 나라이고, 영이 쉬고 있는 낙원은 몸이 없이 영만 있는 곳이다.

사람의 영이 부활하여 영체가 되면 그땐 하나의 나라가 될 것이다.

엄밀히 말하면 천국 안에 영체들이 살고 있는 곳과 아직 영의 몸이 없는 영들이 평안을 누리고 있는 낙원이 있다.

영만 있을 때는 살고 있다기보다는 쉬고 있다는 표현이 맞을 것이다.

나누려고 나눈 것이 아니라 영의 몸을 가지고 있는 영체와 몸이 없는 영이 같은 장소에서 살 수 없기 때문일 것이다.

이는 음부도 똑같다.

예수 믿지 않고 죽어 음부에 있는 영들과 영의 몸이 있는 사탄과 사탄의 사자들(타락한 천사들)과는 음부는 음부지만 분리되어 있는 것이다. 그럴 수밖에 없는 것이다.

B. 낙원에 있는 영들은 영의 몸을 입기 위해 오래 기다렸다

1) 낙원에 있는 영들은 천 년이 하루 같이 기다리고 있다

① 지금까지 예수를 섬기다 죽은 자들은 수없이 많지만 모두 다 영으로 있다

* 계6:9-11: "다섯 인을 떼실때에 내가 보니 하나님의 말씀과 그들이 가진 증거로 말미암아 죽임을 당한 영혼들이 제단 아래에 있어, 큰 소리로 불러 이르되 거룩하고 참되신 대주재여 땅에 거하는 자들을 심판하여 우리 피를 갚아 주지 아니하시기를 어느 때까지 하시려 하나이까, 각각 그들에게 흰 두루마기를 주시며 이르시되 아직 잠시 동안 쉬되 그들의 동무 종들과 형제들도 자기처럼 죽임을 당하여 그 수가 차기까지 하라 하시더라"

이 영들이 무슨 기도를 할까?

이 세상을 심판하여 자신들의 핏값, 억울함을 갚아 주시기를 기도하고 영의 몸을 빨리 입기를 기도하고 있다.

몇천 년을 기다린 영들도 있다. 우리가 생각해도 참 오래됐다.

낙원에 있는 영들이 몸을 갖기를 소원하는 것은 어쩌면 당연하다. 그만큼 기다렸다. 만약 우리가 낙원에 가 있다면 영으로는 아무것도 할 수 없는데 부활의 몸을 빨리 갖기를 원하지 않겠는가?

모르긴 몰라도 방금 가신 성도님이라 해도 몸을 갖기를 원하지 않을까 생각한다.

② 낙원과 음부에 있는 영들은 이 세상 기억을 갖고 있다

* 눅16:27-28: "이르되 그러면 아버지여 구하노니 나사로를 내 아버지 집에 보내소서, 내 형제 다섯이 있으니 그들에게 증언하게 하여 그들로 이 고통 받는 곳에 오지 않게 하소서"

낙원이든, 음부든 영의 세계는 같다. 이들은 몸이 없이 영으로 있지만 세상을 기억한다.

기억이 없다면 자기들이 이 세상에서 어떻게 살았는지 형제가 몇인지 전혀 모를 것이다.

모든 것을 다 기억하는지는 알 수 없지만, 부분적으로는 기억하고 있다는 것을 성경을 통해 알 수 있다.

음부에 있는 영들도 구하는 것이 있었다.

자신이 이곳에서 나갈 수 있거나 원하는 것을 얻기를 구했지만, 그것은 무리였다.

그러자 사랑하는 가족이 음부에 오지 않게 해 주기를 원하고 있다.

❖ 그럼 이 세상에서의 기억은 언제까지 기억할까?

영원한 천국에 들어가면서 기억이 사라질 것이다. 왜냐하면, 영원한 나라는 슬픔도, 괴로움도 없는 기쁨의 나라이기 때문이다.

이 세상을 기억한다면 슬픔과 괴로움과 아쉬움밖에 없다. 또 음부에 가 있는 가족을 기억할 것이니 기쁠 리가 없다.

그러니 세상 기억은 사라질 것이다.

③ 예수님도 하나님 우편에서 우릴 위해 기도를 넘어 간구하고 계신다

* 롬8:34: "누가 정죄하리요 죽으실 뿐 아니라 다시 살아나신 이는 그리스도 예수시니 그는 하나님 우편에 계신 자요 우리를 위하여 간구하시는 자시니라"

잃어버리는 양이 없도록, 또 우리가 믿음 잘 지키고 맡겨 주신 사명 잘 감당하고 올 수 있도록, 그래서 하나님이 말씀하시는 그 수가 빨리 차기를 예수님은 간구하고 계실 것이다.

예수님이 간구하고 계신데 영들이 가만있겠는가? 낙원에 있는 영들도 가족을 위해, 그리고 세상의 그리스도인들이 사명 감당하고 하나님이 말씀하신 그 수가 빨리 차서 영의 몸을 입기를 기도할 것이다.

영은 입이 없는데 어떻게 기도할 수 있을까? 생각으로 기도할 것이다. 영은 원래 사람 맘속에서 생각으로 우리를 인도한다. 이것을 보면 낙원에 있는 영들도 생각으로 기도할 것이다.

또 예수님도 원래는 말씀이셨다는 것을 깨달으면 이해될 것이다.

우리도 낙원의 영들과 주님의 간구에 힘입어 예수 잘 믿고 어떤 사명에도 충성하는 것이 주께서 기뻐하시는 일일 것이다.

④ 이 땅에서도 신실한 성도들은 '주 예수여, 어서 오시옵소서.' 빨리 오시기를 기도하는 자와 '더 있다 오세요.' 하는 자가 있다.

교회에 다녔거나 세례를 받았더라도 예수님 오실 때 인 맞지 못한 자는 들림 받지 못한다.

왜냐하면, 믿음은 과거형이나 미래형이 아니다. 현재형, 주님 오실 때 믿음이 어떤가를 보시기 때문이다.

우편 강도는 과거의 행적으로는 구원받을 수 없었다.

죽기 직전, 죽음을 몇 시간 남겨 논 그 순간에 회개하고 예수를 믿었기 때문에 구원받을 수 있었다.

반면 가룟 유다는 예수님의 열두 제자 중 한 사람이었다.

그러나 가룟 유다는 마지막 죽음 앞에서 회개하지 않았고, 자신을 구원해 줄 구원자로 예수를 믿지 못했기에 구원받지 못했다.

지금은 아니지만 언젠가 예수를 믿겠다고 말하는 자도 있고, 예수가 누구신지 확실하게 아는 자도 있다. 은사를 많이 받았던 자도 있다.

하지만 분명한 것은 주님 오실 때 생명록에 이름이 기록되어 있는 자만 구원받는다.

믿는 자도 들림 받을 자와 들림 받지 못할 자가 구분되어 가고 있다. 천국을 향해 가는 자는 더 깨끗하게 회개하면서 열심을 내고 있고, 무늬만 교인인 자는 세상으로 흘러가는 것을 본다.

이제 이들의 기도가 응답되어 영의 몸을 입고 자유를 누릴 수 있게 될 날이 머지 않았다.

하나님 보좌에서도, 낙원에서도 준비가 끝났다는 것을 의미한다.

이젠 더 이상 지체할 수 있는 시간이 없다.

이 땅에서 성도들만 준비되면 모든 것이 끝난다.

이 말씀을 아는 성도 중에는 '어서 오시옵소서.' 환영하는 자와 '더 있다 오세요.' 하는 자가 있을 것이다.

자신은 어디에 서 있는지 확인하고, 늦기 전에 준비해서 지혜로운 다섯 처녀와 같이 들림 받는 자가 되시길 바란다.

2) 천국에서 예수님은 어떤 모습으로 계시는가?

① 하나님 우편에 앉아 계시는 예수님

* 막16:19: "주 예수께서 말씀을 마치신 후에 하늘로 올려지사 하나님 우편에 앉으시니라"

② 우리를 위하여 간구하시는 예수님

* 롬8:34: "누가 정죄하리요 죽으실 뿐 아니라 다시 살아나신 이는 그리스도 예수니 그는 하나님 우편에 계신 자요 우리를 위하여 간구하시는 자시니라"

③ 천사들과 권세들과 능력들이 복종하는 왕이신 예수님

* 벧전3:22: "그는 하늘에 오르사 하나님 우편에 계시니 천사들과 권세들과 능력들이 그에게 복종하느니라"

예수님은 성부, 성자, 성령 하나님 중 한 분이신 성자 하나님이시다. 낙원과 음부의 주인이시고, 영의 세계의 왕이시다.

예수 그리스도는 부활하셔서 승천하신 후에는 천국의 하나님 보좌 우편에 앉으셨다.

천사들과 권세자들과 능력들이 예수님 앞에 복종하는 왕으로 계신다.

예수님은 음부와 낙원과 땅과 하늘의 권세를 다 가지신 왕이시면서도 겸손하시어 하나님 우편에 앉으셨다.

이뿐만 아니라 아직도 이 세상에 살고 있는 하나님의 백성을 위해 아버지께 간구하고 계시는 사랑의 하나님이시다.

자신이 가장 높은 위치에 있다고 생각한다면 간구할 이유가 없다. 원하는 대로 실행하면 되지…. 그러나 예수님은 아버지께 간구하고 계신다. 이 겸손의 왕이 자리에서 일어나 공중으로 오실 것이다.

C. 공중 재림

성도가 가장 관심 있는 것은 들림 받는 것, 휴거일 것이다.

영의 몸을 입고 공중으로 들려 올라가 주님 만날 때는 언제일까?

학자마다 의견이 분분하지만, 제게 주신 휴거를 전한다. 전 3년 반 때이다. 전 3년 반 때 인침을 받은 성도들이 휴거될 것으로 믿는다.

사람의 약함을 아시고 끔찍한 날들을 감해 주실 방법은 휴거뿐이다.

7년 대환난 때 하나님의 백성을 이 땅에 두시면 구원받을 수 없기 때문에 이 땅이 아닌 다른 곳으로 옮기신다.

그곳은 공중이다. 예수님이 공중으로 불러올리시는 것이다.

신랑에 대한 믿음이 적은 예비신부는 신랑의 말을 어느 땐 믿고, 어느 땐 믿지 못하고 고멜처럼 왔다 갔다 한다.

이런 예비신부를 신랑이 지킬 수 있는 방법은 최대한 결혼날짜를 빨리 잡고 혼인하는 것이 최고다.

이처럼 성도를 구원하는 방법이 휴거이며, 혼인인 것이다.

신데렐라처럼 왕비가 되어 안전한 신랑 옆에 늘 있게 하시는 것이다.

1) 공중 재림은 예수님이 공중에 재림하시는 것을 말한다

* 행1:8-11: "오직 성령이 너희에게 임하시면 너희가 권능을 받고 예루살렘과 온 유대와 사마리아와 땅끝까지 이르러 내 증인이 되리라 하시니라, 이 말씀을 마치시고 그들이 보는데 올려져 가시니 구름이 그를 가리어 보이지 않게 하더라, 올라가실 때에 제자들이 자세히 하늘을 쳐다보고 있는데 흰옷 입은 두 사람이 그들 곁에 서서, 이르되 갈릴리 사람들아 어찌하여 서서 하늘을 쳐다보느냐 너희 가운데서 하늘로 올려지신 이 예수는 하늘로 가심을 본 그대로 오시리라 하였느니라"
* 눅21:27: "그때에 사람들이 인자가 구름을 타고 능력과 큰 권능으로 오는 것을 보리라"

본 그대로 오시리라, 구름을 타고 가셨으니 구름을 타고 오실 것이다.

이때 낙원에 있던 영들과 이 땅에서 인치심을 받은 자들이 영의 몸을 입고 공중에서 예수님과 함께 잔치를 열게 되는데, 이것이 공중 재림이다.

이때 공중에서의 잔치를 혼인잔치로 알고 계신 분들이 많은 줄 안다.

이 잔치는 예수님과 기쁨을 나누는 기쁨의 잔치다. 만남의 기쁨을 누리는 공중 잔치다.

이렇게 보는 이유는 아무것도 준비된 것이 없는 공중 구름 속에서 혼인잔치를 여시겠는가? 조금 후면 이 땅으로 내려와 천년왕국이 이뤄지는데 아름다운 왕국을 두고 무엇 때문에 어설픈 공중에서 혼인잔치를 여시겠는가?

그럼 혼인잔치는 언제일까? 지상 재림 후 천년왕국에서 이뤄질 것이다. (지상 재림은 순서에 따라 전할 것이다.)

2번의 재림을 한 번의 재림으로 묶기 때문에 말씀이 풀리지 않는다.

2) 공중 재림 때의 부활 순서

❖ 예수님 공중 재림은 두 증인이 부활하여 공중으로 올라가는 것이 신호탄이 될 것이라 알려 주셨다.

무슨 말인가 하면 이 세상에서는 두 증인이 부활하여 공중으로 올라갈 때 인 맞은 자들도 함께 올라갈 것으로 안다.

엄밀히 말하면 두 증인은 죽은 자 부활에 속한다. 그러므로 낙원에 있는 영들과 두 증인이 동시에 부활하여 올라가는 것을 보고 살아 있는 인 맞은 자들도 부활하여 올라갈 것이다.

① 낙원에 있는 영들이 먼저 부활한다

* 살전4:13-17: “형제들아 자는 자들에 관하여는 너희가 알지 못함을 우리가 원하지 아니하노니 이는 소망 없는 다른 이와 같이 슬퍼하지 않게 하려 함이라. 우리가 예수께서 죽으셨다가 다시 살아나심을 믿을진대 이와 같이 예수 안에서 자는 자들도 하나님이 그와 함께 데리고 오시리라. 우리가 주의 말씀으로 너희에게 이것을 말하노니 주께서 강림

하실 때까지 우리 살아남아 있는 자도 자는 자보다 결코 앞서지 못하리라, 주께서 호령과 천사장의 소리와 하나님의 나팔소리로 친히 하늘로부터 강림하시리니 그리스도 안에서 죽은 자들이 먼저 일어나고, 그 후에 우리 살아남은 자들도 그들과 함께 구름 속으로 끌어 올려 공중에서 주를 영접하게 하시리니 그리하여 우리가 항상 주와 함께 있으리라"

거의 동시에 일어날 일이지만 부활 순서는 죽은 자 먼저, 살아 있는 자 나중이다. 그러므로 하늘에서는 죽어 낙원에 있는 자들과 땅에서는 죽은 두 증인이 동시에 부활의 몸을 입고 공중에서 만날 것이다.

이들은 주의 호령과 천사장의 소리와 하나님의 나팔 소리를 듣는 즉시 부활의 몸을 입고 공중으로 이동한다.

천사와 같고 예수님과 같은 몸, 영원히 살 수 있는 영의 몸을 입는다.

② 인치심을 받고 이 땅에 살고 있는 성도들이 휴거된다

* 고전15:51-52: "보라 내가 너희에게 비밀을 말하노니 우리가 다 잠잘 것이 아니요 마지막 나팔에 순식간에 홀연히 다 변화되리니, 나팔소리가 나매 죽은 자들이 썩지 아니할 것으로 다시 살아나고 우리도 변화되리라"

두 증인이 올라가는 것이 신호탄이 되어 인 맞은 자들도 올라간다.

이 세상에서 이마에 인을 받고 들림 받는 자들이 영체로 변화한다. 홀연히 변화되어 영의 몸인 부활의 몸을 입고 두둥실 구름

속으로 올라간다. 이렇게 순서를 나누지만 거의 동시다발적으로 일어날 일이다.

❖ 공중에서 주를 영접하는 영체들은 옳은 행실의 옷인 깨끗한 세마포 옷을 입는다.

* 눅24:38-39: "예수께서 이르시되 어찌하여 두려워하며 어찌하여 마음에 의심을 하느냐, 내 손과 발을 보고 나인줄 알라 또 나를 만져보라 영은 살과 뼈가 없으되 너희 보는 바와 같이 나는 있느니라"

영체는 뼈도 있고 살도 있고 죽지 않고 썩지 않을 몸, 예수님처럼 영원히 사는 몸이다.

부활하신 예수님은 겉으로 보기에는 영락없는 사람의 모습이셨다.

이처럼 부활의 몸에 세마포 옷을 입는다는 것은 영의 몸이라 해서 우리가 상상할 수 없는 모습이 아니라는 것이다.

너무나 익숙한 모습, 사람과 같은 모습이 예수님처럼 죽지 않는 영체의 모습이다. 이 모습으로 구원받은 모든 영체가 공중에서 만나는 것이다.

③ 하나님 우편에 계신 권세자 예수님이 친히 공중으로 강림하신다

창세 이래 예수 그리스도를 믿었던 수많은 영체와 공중에서 기쁨의 잔치에 들어간다.

3) 혼인잔치라 하니까 이 세상 방식대로 진짜 예수님과 결혼하는 것일까?

① 그럼 일부다처제가 되는 것일까 생각할 수도 있을 것이다

* 계19:7-9: "우리가 즐거워하고 크게 기뻐하며 그에게 영광을 돌리세 어린양의 혼인 기약이 이르렀고 그의 아내가 자신을 준비하였으므로, 그에게 빛나고 깨끗한 세마포 옷을 입도록 허락하셨으니 이 세마포 옷은 성도들의 옳은 행실이라 하더라, 천사가 내게 말하기를 기록하라 어린 양의 혼인잔치에 청함을 받은 자들은 복이 있도다 하고 또 내게 말하되 이것은 하나님의 참되신 말씀이라 하기로"

어린양의 혼인 기약이 이르렀고 그의 아내가 준비되었다고 말씀하신다. 분명 예수님과 영체들과의 혼인인데 이것이 가능할까?

그럼 천 명의 아내를 둔 솔로몬처럼 천년왕국에 들어간 모든 영체와 예수님이 결혼하면 어떻게 될까?

지지고 볶고 싸우고 난장판이 될 텐데 그럼 거기는 천국이 아니라 지옥과 같이 변할 것이다.

* 마22:30: "부활 때에는 장가도 아니가고 시집도 아니가고 하늘에 있는 천사들과 같으니라"

영의 나라에서 사는 방식과 육의 나라에서 사는 방식은 다르다.

육을 입고 살 때처럼 먹고 마시고 결혼하고 아기를 낳고 늙고 병들고 죽는 나라가 아니다.

하나님 나라에서는 이 세상에서 생각하는 시집, 장가를 가지 않는다.

예수님이나 천사처럼 먹고 마실 수도 있으나 초월해서 사는 나라이다.

그 나라는 해함도, 상함도 없는 나라이다. 천사들과 같으니라 말씀한다. 성경 어디에서도 천사가 가족이 있고, 아빠, 엄마가 낳은 아기 천사가 있다는 말은 들어보지 못했을 것이다.

만약 우리가 상상하는 아기 천사가 있다면 그는 천사에게서 태어난 아기 천사가 아니라 만들어질 때부터 아기 천사였을 것이다.

왜냐하면, 하늘나라는 완성된 나라이기 때문에 성장이란 없다. 성장을 한다면 죽는 자도 있어야 한다. 그러나 천국은 죽음이 없는 나라다.

천국은 완성된 완전한 나라이고, 더하고 뺄 수 없는 영원한 나라다.

그런데 예수님이 신랑이고, 예수를 믿은 수많은 영체가 모두 신부일까?

② 영체의 혼인은 이 세상에서의 혼인과는 다르다

이 세상에서는 영은 어찌 되든지 외모, 조건 등 육이 우선시 되어 결혼한다.

결혼은 영과 육이 하나가 될 때 행복한데, 세상 결혼은 영은 배제된 채 육체가 하나 됨을 중요시한다. 몸이 사람의 전부인 양 생각한다.

그러나 영체는 육체들처럼 몸과 몸이 하나가 되는 결혼이란 성립되지 않는다.

천국은 이 세상처럼 몸이 하나가 되는 결혼이란 제도 자체가 없다.

그럼 왜 혼인잔치라 하시고 우리를 신부라 말씀하실까?

이 말씀은 깊이가 다른 말씀이다.

결혼으로 하나가 된다는 의미는 이 세상에서나 천국에서나 같다.

그러나 예수 신랑 한 분에 수많은 영체가 합동 결혼을 하고 예수님의 아기를 낳고 기르며 영원히 사는 것은 아니다.

* 롬14:17: "하나님의 나라는 먹는 것과 마시는 것이 아니요 오직 성령 안에 있는 의와 평강과 희락이라"

* 요14:20: "그날에는 내가 아버지 안에 너희가 내안에 내가 너희 안에 있는 것을 너희가 알리라"

부활한 자들은 예수님과 같은 영이 되고, 예수님과 같은 영체가 된다. 즉, 예수님과 같은 부활의 몸과 영이 되는 것이다.

세상에서는 육이 하나가 되는 것이 결혼이지만, 주의 나라는 영으로 맺어진 하나의 개념이 혼인관계라 볼 수 있다.

결국, 예수 그리스도와 영체들의 영이 하나가 되는 것이 천국의 혼인이다. 예수님과 같은 영과 몸이 되는 것, 죽지 않고 영원히 같은 나라에서 함께 사는 것, 이것이 주님이 말씀하신 하나가 되는 것이고, 혼인이란 것이다.

지금은 잘 이해되지 않아도 그 나라에서는 다 이해될 것이다.

③ 행함에 따라 다른 세마포 옷 색상

* 계19:8: "그에게 빛나고 깨끗한 세마포 옷을 입도록 허락하셨으니 이 세마포 옷은 성도들의 옳은 행실이로다 하더라"

흰 세마포 옷은 성도들의 옳은 행실이라 말씀한다.

하나님의 말씀대로 살아온 자는 빛나고 깨끗한 세마포 옷을 입는다. (미묘한 세마포 색상 차이가 있을 것을 예고하심.)

❖ 성경에서 찾아보는 흰옷의 차이

*** 예수님의 옷은 빛과 같이 희다**

* 마17:1-2: "엿새 후에 예수께서 베드로와 야고보와 그 형제 요한을 데리시고 따로 높은 산에 올라가셨더니, 그들 앞에서 변형되사 그 얼굴이 해같이 빛나며 옷이 빛과 같이 희어졌더라"

*** 천사는 눈과 같이 희다**

* 마28:1-3: "안식일이 다 지나고 안식후 첫날이 되려는 새벽에 막달라 마리아와 다른 마라이가 무덤을 보려고 갔더니, 큰 지진이 나며 주의 천사가 하늘로부터 내려와 돌을 굴려내고 그 위에 앉았는데, 그 형상이 번개 같고 그 옷은 눈같이 희거늘"

예수님의 무덤에서 여인들이 만난 청년은 사람이 아니라 천사다.

예수님의 옷은 빛과 같이 흰색, 천사들은 눈과 같이 흰색 옷이다.

❖ 그렇다면 공중 잔치 때 영체는 모두 똑같은 세마포 옷을 입을까?

성도는 빛나고 깨끗한 세마포 옷을 입는다.

세마포 옷도 한 공장에서 만들어 나온듯한 똑같은 원단의 색이 아니라는 깨달음을 주셨다. 더 하얀색 세마포를 입는 사람과 덜 하얀 세마포 옷을 입는 사람이 있다는 깨달음을 주셨다.

그 이유는 행함에 따라서 또 말씀대로 순종하며 산 결과에 따라서 색상 차이가 날 것이다.

지금은 볼 수 없지만, 통일교에서 생중계 했던 합동 결혼식이 있었다.

TV에서 보신 분들이 계실 것이다. 결혼식에 모든 신부가 하얀 드레스를 입었다. 카메라로 봤을 때 어떤 신부는 더 하얀색이고, 어떤 신부는 좀 덜 하얀 색의 드레스를 입었다. 디자인도 조금씩 달랐다.

500명이면 500명의 신부가 모두 흰색은 흰색인데 조금씩 다른 흰색 드레스를 입었던 것을 기억하시는 분이 계실 것이다.

행함대로 세마포 옷이 이와 같지 않을까 생각해 본다.

때문에 우리는 머지않은 장래를 위해 말씀대로 순종하며 사는 것이 영원한 자신의 삶을 준비하는 것이다.

그럼 우리가 상상하는 것보다도 더 아름다운 세마포 옷을 입을 수 있을 것이다. 믿고 순종하고 충성하길 바란다.

4) 영의 소리를 듣는 자와 듣지 못하는 자가 있다

① 주께서는 공중 재림하실 때 조용히 오시는 것이 아니다

다만, 육의 눈과 귀로는 들을 수도, 볼 수도 없을 뿐이다.

사람이 귀로 들을 수 있는 소리도 연령대마다 들을 수 있는 소리가 있고 들을 수 없는 소리가 있다. 나이가 들수록 젊은 사람들이 듣는 소리를 듣지 못한다.

우리나라 공영방송에서도 실험한 적이 있었다.

10대에서 60대까지 들을 수 있는 소리를 들려주고, 들은 사람은 손을 번쩍 들었다.

나는 젊은이들이 들을 수 있는 소리에서는 아무것도 들을 수 없었다. 미국 학생들이 선생님이 듣지 못하는 음력대로 핸드폰으로 통화해서 골칫거리란다.

그런가 하면 술 마시고 떠드는 아이들에게 노인들이 들을 수 있는 소리를 틀어 놓으니 불량 청소년들이 다 도망갔다고 한다.

사람이 들을 수 있는 소리도 연령대에 따라 이렇게 다르다. 이처럼 영의 소리는 영의 사람에게만 들린다.

예수 그리스도의 호령과 천사장의 소리와 하나님의 나팔 소리가 천지를 진동할 것이나 인침을 받지 못한 자는 아무것도 듣지 못한다.

② 어느 날 예수님 공중 재림하신다

예수님 공중 재림하실 때 지상에서 감지할 수 있는 것은 아무것도 없다. 평상시처럼 믿는 사람이든, 믿지 않는 사람이든 똑같이 세상에서 살 때 다시 말해 이제까지와 별반 다를 게 없는 어느 날 오신다.

예수님이 오시는 그 시간에도 누구나 자신이 늘 하던 그 일을 하다가 주님 맞이하는 것이다.

직장에서, 사업장에서, 밭에서, 집 안에서, 교회에서 일하다 주님 맞이하는 것이다. 자던 사람은 자던 대로, 기도하고 전도하던 사람은 그 현장에서, 봉사하던 사람은 그 모습 그대로, 들림 받을 것이다.

평상시 자신이 늘 하던 대로 일상생활 하고 있을 때 공중 재림하신다.

지금처럼 아무것도 달라진 것이 없을 때 오신다.

❖ 부부, 직장, 일을 함께하는 사이도 갈라진다.

둘이 한자리에 누웠다는 것은 그만큼 허물없는 사이를 말한다.

부부이거나 가족이거나 그만큼 사랑하는 사이라 할지라도 갈라진다.

둘 중 하나가 들림 받아도 그 순간 남은 자는 모른다.

두 사람이 밭일을 하고, 두 여자가 맷돌질을 하지만 두 사람의 운명은 극과 극으로 갈라진다.

아무리 육적으로 사랑하는 사이라 할지라도 한 사람은 데려감을 당하고, 한 사람은 버려둠을 당한다.

③ 예수님이 공중 재림하시는 시간은 천국의 시간이다

* 눅17:34: "내가 너희에게 이르노니 그 밤에 둘이 한자리에 누워 있으매 하나는 데려감을 얻고 하나는 버려둠을 당할 것이요"

무섭고 두려운 말씀이다. "그 밤"이란 영적으로 어둠을 말한다.

소돔과 고모라 때나 노아 때처럼 죄악이 관영함을 뜻한다.

관영함이란 세상에 '죄가 가득 차다'란 뜻이다.

다시 말해 휴거가 있을 때는 죄가 온 세상을 뒤덮고 있을 때, 그 때 육의 몸이 홀연히 영의 몸으로 변화되어 하늘로 들림 받는다.

밤이라 해서 예수님은 낮이 아닌 밤에 오실 것이다 생각해선 안 된다.

영적으로 어둠을 말하며 전 세계인이 각국에서 사용하는 시간에 오시는 것이 아니다.

하나님의 시간, 천국의 시간에 맞춰서 오시기 때문에 낮과 밤이 따로 없다. 어느 나라는 낮이고 어느 나라는 밤일 것이다.

그러므로 어떤 사람은 일하는 중에, 어떤 사람은 자는 중에 들림 받는다. 다 같이 하나님의 시간에 동시에 들림 받는다.

육이 들림 받는 것이 아니기 때문에 잠을 잔다 할지라도 영만 깨어 있다면 내 의지와는 상관없이 영체로 변화되어 올라갈 것이다.

이 얼마나 두려운 말씀인가? 남는 자는 절대 되지 맙시다.

④ 많은 성도가 동시에 휴거되는 순간 이 세상은 엉망진창이 될까? 걱정하지 마라

하나님은 질서의 하나님이시다. 남는 자들이 위험에 빠지지 않게 하실 줄 믿는다. 그들 중에는 하나님의 백성들도 있기 때문이다.

예를 들어 운전하던 사람은 순간적으로 브레이크를 걸어 놓거나 주차를 시키거나 해서 남은 자들이 패닉 상태가 안 되도록 안전장치를 걸어 놓고 휴거될 것이라 믿는다.

신실한 성도들이 들림 받은 후에야 믿지 않는 자들과 믿었지만 들림 받지 못한 자들이 알게 될 것이다.

⑤ 어떻게 준비해야 할까?

* 눅21:34-36: "너희는 스스로 조심하라 그렇지 않으면 방탕함과 술 취함과 생활의 염려로 마음이 둔하여지고 뜻밖에 그날이 덫과 같이 너희에게 임하리라"

방탕함과 술 취함으로 마음이 둔해지지 않도록 조심해야 한다.

특히, 믿는 자는 생활의 염려로 마음이 둔해지지 않도록 스스로 조심해야 한다. 생활의 염려가 가득하게 되면 덫과 같이 그날이 다가온다.

예수님 앞에 설 수 있도록 항상 기도하고 깨어 있어야 한다.

만약 공중 재림 1주일 전에, 아니 하루 전에라도 알 수 있다면 또 그것이 믿어진다면 밭에 있을 사람이 어디 있고, 맷돌질할 사람이 어디 있겠는가?

예수님 공중 재림 때는 평상시처럼 특별함이 없는 때에 오신다.

누구도 알아차릴 수 없고, 설사 안다 해도 준비할 수 없다.

인 맞은 자만 공중 나팔 소리를 듣고 홀연히 영의 몸으로 변화하여 올라간다. 지혜로 깨닫고, 하나님이 주신 은혜로 깨어 있지 않으면 누구라도 그때가 되어 기겁할 것이다.

남아 있는 사람들은 패닉 상태에 들어갈 것이다.

"내일 지구의 종말이 온다 해도 나는 오늘 사과나무를 심겠다." 라는 명언처럼 내일 예수님 재림하신다 해도 오시는 순간까지 증인의 삶을 살겠다는 각오로 살아야 할 것이다.

믿음 준비해서 이 땅에 남는 자가 없기를 바란다.

D. 휴거 직전을 사는 성도는 어떤 믿음 생활을 해야 할까?

1) 미혹을 받지 않도록 주의하라

* 마24:23-28: "그때에 사람들이 너희에게 말하되 보라 그리스도가 여기있다 혹은 저기있다 하여도 믿지 말라, 거짓 그리스도들과 거짓 선지자들이 일어나 큰 표적과 기사를 보여 할 수만 있으면 택하신 자들도 미혹하리라, 보라 내가 너희에게 미리 말하였노라, 그러면 사람들이 너희에게 말하되 보라 그리스도가 광야에 있다 하여도 나가지 말고 보라 골방에 있다 하여도 믿지 말라, 번개가 동편에서 나서 서편까지 번쩍임같이 인자의 임함도 그러하도다, 주검이 있는 곳에는 독수리들이 모일 것이니라"

① 속지 마라 예수님은 아직 재림하지 않으셨다

예수님이 아직 재림하지 않았다는 것을 어떻게 알 수 있느냐고 묻는다면 공중 재림은 말 그대로 이 세상에 재림하시는 것이 아니라 공중에 재림하신다. 그런데 어떻게 예수님, 하나님이 이 세상에 버젓이 늙고 병들고 죽을 수 있겠는가?

또 지상 재림을 해서 예수나 하나님이 이 땅에 있다 말한다면 이것도 성경을 다시 봐야 한다.

지상 재림을 하시면 믿는 자와 믿지 않는 자가 함께 살 수가 없다. 그런데 함께 어울려 산다는 것은 거짓이란 증거다.

그 어떤 징조도 없었는데 도둑처럼 살며시 육을 입고 와 있다고 한다면 뭐가 잘못돼도 한참 잘못된 것이다. 그는 도둑이다.

육체를 가진 자는 예수도, 하나님도, 그 무엇도 될 수 없다.

예수님은 사람이 아니시다. 부활하시어 영체를 입고 계시다.

영의 몸을 입으신 분이 무엇 때문에 다시 육체를 입는단 말인가? 성경에 예수님이 육체를 입고 다시 이 세상에 살 것이란 말씀이 어디 있는가? 그런데 육체를 입고 돈과 명예와 권력을 탐하고 이성을 탐하고 늙고 병들고 죽는 것을 보고도 그들의 말이 믿어지는가? 사람이 예수님이 되고, 하나님이 될 수 있겠는가? 생각해 보라.

하나님을 믿는 자면 성경을 믿을진대 그렇다면 하나님의 말씀인 성경에 무어라 말씀하시는지 읽고 스스로 판단하라.

누군가가 전하는 주입식 말만 믿지 말고 짜집기하듯 필요한 부분만 골라 읽지 말라. 왜곡될 수밖에 없다.

성경을 정독해 읽으면 말씀이 깨달아지는 은혜를 주셔서 어디가 잘못되었는지 알게 해 주실 줄 믿는다.

또 하나 거짓 선지자가 많이 출현한다는 것이다. 가짜지만 그들은 큰 증거와 기적도 행하고, 따라갈 만한 미끼를 가지고 미혹한다.

힘들게 지켜온 믿음이니 미혹당하지 말고 인내하며 기다리라.

분명히 말씀하지 않는가? 그리스도가 여기 있다 저기 있다 해도 믿지 말라고. 세상 끝에 오는 징조로 예수님이 가장 먼저 꼽으신 것은 미혹이다. 예수 이름으로 오는 거짓 그리스도와 거짓 선지자를 꼽으셨다.

그러므로 예수 믿는 자는 사람을 신봉하지 말고 성경 말씀을 믿어야 한다. 이 책을 읽고 화를 내는 분이 있다면 마음을 가다듬고 성경 말씀을 다시 정독하여 읽고 무어라 말씀하시는지 귀 기울여 듣고 기도해 보라. 왜냐하면, 자신의 영이 사느냐 죽느냐의 문제이기 때문이다.

분명 초림 예수님은 사람으로 오셨지만, 재림 예수님은 사람이 아닌 부활의 몸, 영체로 오신다.

그러므로 미혹을 받지 않도록 주의해야 한다.

이번 코로나19 사태로 신천지에서 많이 빠져나왔다.

박차고 나올 수 있는 기회는 하나님이 주셨지만 이단의 실체를 알고도 본인이 스스로 남는 자가 있고, 빠져나와 예수님 품에 안긴 자가 있다.

어떤 선택도 본인 스스로 하는 것이다.

때가 가깝다는 것이 느껴진다면 더욱 제대로 된 믿음 생활에 충실하라.

들림 받는 자보다 남는 자가 훨씬 많다는 것도 꼭 기억하라.

2) 믿음 준비하라

① 이 땅의 마지막 재앙은 믿는 자 핍박이다. 넘어지지 않도록 주의하라

전쟁, 자연재해, 기근, 내란, 지진, 질병, 사망의 재앙이 두서없이 와서 사람을 두렵게 하고 정신을 쏙 빼놓다.

교회가 무너진다. 진리를 외치는 교회, 은사를 외치는 교회, 말씀을 외치는 교회에 다닌다고 교회 자체로, 다시 말해 그 교회 다니는 성도라면 단체로 들림 받는 것이 아니다.

각자, 개인의 믿음으로 들림 받는다. 다만 진리가 살아 있는 교회를 다닌다면 확률이 그만큼 높을 뿐이다.

이때는 일반 성도는 말할 것도 없고, 높이 떠 있는 별처럼 보였던 목회자와 믿음이 있다는 은사자라도 설익은 자는 땅에 떨어진다.

그러므로 누구를 의지하려 하지 말고 각자 들림 받을 믿음 준비하시길 바란다.

② 등과 충분한 기름을 준비하라

예수를 믿는다는 것은 등은 준비된 것이다. 말씀과 기도로 기름을 넉넉히 채우는 준비를 하라.

열 처녀 중 넉넉하게 기름 준비한 자들처럼 준비하라.

5달란트, 2달란트 받은 자처럼 주의 일을 하여 남기는 장사를 하라.

밖에서 밭을 갈고 있고, 집에서 일을 하고 있어도 언제 어디서든 들림 받을 기름을 넉넉히 준비된 상태로 맡은 일에 충성하라.

생각해 봐야 할 것은 교회 일에 열심이라고 모두가 넉넉한 기름을 준비한 자일까 하는 것이다.

비웃음 속에서도 노아가 믿음으로 방주를 완성했던 것처럼 흔들리지 말고 기름 준비합시다.

③ 낮에 속한 자가 되라

* 살전5:6-8: "그러므로 우리는 다른 이들과 같이 자지 말고 오직 깨어 정신을 차릴지라, 자는 자들은 밤에 자고 취하는 자들은 밤에 취하되, 우리는 낮에 속하였으니 정신을 차리고 믿음과 사랑의 호심경을 붙이고 구원의 소망의 투구를 쓰자"

깨어 정신 차리고 있어야 한다. 이는 세상에 빠져 있지 말고 깨어 믿음 준비하라는 말씀이다."

④ 도둑같이 임하리라

* 살전5:1-3: "형제들아 때와 시기에 너희에게 쓸 것이 없음은, 주의 날이 밤에 도둑같이 이를 줄을 너희 자신이 자세히 알기 때문이라, 그들이 평안하다 안전하다 할 그때에 임신한 여자에게 해산의 고통이 이름과 같이 멸망이 갑자기 그들에게 이르리니 결코 피하지 못하리라"

편안하다, 안전하다 할 때 아무도 모르게 도둑같이 임한다.

멸망은 서서히 오지만 알아차리는 자는 없다. 때문에 어느 날 갑자기 온다는 생각이 드는 것이다. 누구도 피할 수 없다.

말씀을 아는 그리스도인들은 모두 분별할 수 있으리라 믿는다.

3) 어떤 자들이 예수님 재림을 기다리고 있을까?

① 시므온과 안나 같은 자가 재림을 기다린다

* 눅2:25: "예루살렘에 시므온이라 하는 사람이 있으니 이 사람은 의롭고 경건하여 이스라엘의 위로를 기다리는 자라 성령이 그 위에 계시니라"

❖ 시므온은 어떤 사람인가? 하나님은 그를 이렇게 평가해 주셨다.

그는 의로운 사람이다. 메시아가 오신다는 말씀을 믿고 만날 때까지 그리스도를 기다렸다.

그는 경건한 사람이다, 죄에서 멀리 떠난 자라 칭해 주셨다.

시므온은 이스라엘의 위로를 기다리는 자로 성령이 그 위에 계셨다.

26: 그가 주의 그리스도를 보기 전에는 죽지 아니하리라 하는 성령의 지시를 받았더니

시므온은 죽기 전에 그리스도를 보게 될 줄 알고 믿었다.

성령의 음성을 들었으니 당연하다 생각할 수 있을지 몰라도 이 믿음은 대단한 것이다.

성령 하나님은 우리 마음속에서 속삭이듯 말씀하실 때도 있고, 불같이 책망하실 때도 있고, 빛과 같은 속도로 깨닫게 해 주실

때도 있다.

우리가 성령의 인도하심을 받았을 때 얼마나 오래 간직하고 지키고 믿고 살았던가 생각해 보면 시므온의 평생 믿음은 대단한 믿음이다.

초림 예수를 기다린 시므온이 초림 예수를 만났듯이 재림 예수를 기다리는 자는 시므온처럼 재림 예수를 만날 것이다.

❖ 안나는 어떤 사람인가? 하나님이 그를 이렇게 평가해 주셨다.

* 눅2:36-38: "또 아셀 지파 비누엘의 딸 안나라 하는 선지자가 있어 나이가 매우 많았더라 그가 결혼한 후 일곱해 동안 남편과 함께 살다가, 과부가 되고 팔십사세가 되었더라 이 사람이 성전을 떠나지 아니하고 주야로 금식하며 기도함으로 섬기더니, 마침 이 때에 나아와서 하나님께 감사하고 예루살렘의 속량을 바라는 모든 사람에게 그에 대하여 말하니라"

안나는 여 선지자였다. 그녀는 항상 성전 생활을 했다.

금식하며 주야로 기도했고, 예루살렘 구속을 기다렸다. 그리스도가 오시기를 기다렸다는 뜻이다.

또한, 안나는 그리스도를 기다리는 자들에게 말씀을 전했다. 그리고 그는 드디어 예수님을 만났다.

안나의 나이를 생각해 보라.

100살이 넘어서도 누구를 가르칠 수 있고, 금식할 수 있고, 성전을 떠나지 않는 믿음과 건강이 있었다. 감히 쫓아갈 수 없을 만한 영육 간의 강건함을 지닌 안나였다.

예수님 공중 재림하시는 날 휴거될 것을 기다리는 신실한 성도들은 시므온과 안나처럼 복 받은 자들이다.

지금도 성령을 거스르지 않고 자신의 일에 최선을 다하면서 믿음을 지키며 준비하고 기다리는 자들이 많을 줄 믿는다.

끝까지 믿음 지키고 주께 충성하길 원한다.

② 지상에서 들림 받는 자들은 이렇게 하라

* 눅12:35-48: "허리에 띠를 띠고 등불을 켜고 서 있으라, 너희는 마치 그 주인이 혼인집에서 돌아와 문을 두드리면 곧 열어주려고 기다리는 사람과 같이 되라, 주인이 와서 깨어 있는 것을 보면 종들은 복이 있으리로다 내가 진실로 너희에게 이르노니 주인이 띠를 띠고 그 종들을 자리에 앉히고 나아와 수종들리라, 주인이 혹 이경에나 혹 삼경에 이르러서도 종들이 그같이 하고 있는 것을 보면 그 종들은 복이 있으리로다, 너희도 아는 바니 집주인이 만일 도둑이 어느 때에 이를 줄 알았더라면 그 집을 뚫지 못하게 하였으리라, 그러므로 너희도 준비하고 있으라 생각하지 않은 때에 인자가 오리라 하시니라, 베드로가 여짜오되 주께서 이 비유를 우리에게 하심이니이까 모든 사람에게 하심이니이까, 주께서 이르시되 지혜있고 진실한 청지기가 되어 주인에게 그 집 종들을 맡아 때를 따라 양식을 나누어 줄 자가 누구냐, 주인이 이를 때에 그 종이 그렇게 하는 것을 보면 그 종은 복이 있으리로다, 내가 참으로 너희에게

이르노니 주인이 그 모든 소유를 그에게 맡기리라, 만일 그 종이 마음에 생각하기를 주인이 더디 오리라 하여 남녀종들을 때리며 먹고 마시고 취하게 되면, 생각하지 않은 날 알지 못하는 시각에 그 종의 주인이 이르러 엄히 때리고 신실하지 아니한 자의 받는 벌에 처하리니, 주인의 뜻을 알고도 준비하지 아니하고 그 뜻대로 행하지 아니한 종은 많이 맞을 것이요, 알지 못하고 맞을 일을 행한 종은 적게 맞으리라 무릇 많이 받은 자에게는 많이 요구할 것이요 많이 맡은 자에게는 많이 달라 할 것이니라"

예수님 재림은 아무도 모른다. 준비된 자만 올라간다.

이 세상에 살아있는 자 중에, 인을 받은 자만이 영의 몸으로 순식간에 변화하여 공중으로 올라간다.

예수님이 공중 재림하실 때 반드시 들림 받아야 한다. 아니면 지상에 남아 대환난을 겪어야 한다.

공중 재림과 지상 재림은 별개다.

그러나 한 사건으로 보기 때문에 어느 땐 둘 중 하나를 데려가도 모른다 하고, 또 어느 땐 모든 사람이 재림을 보고 통곡한다고 전하고 있다.

데려가도 모르는데 누가 통곡할 수 있겠는가 생각해 보라.

이 부분을 확실하게 깨닫지 못하면 재림에 대한 말씀이 풀리지 않는다.

③ 인 받은 자들이 공중 잔치에 참여할 때 이 땅에서는 어떤 일이 일어나는가?

* 마24:21: “이는 그때에 큰 환난이 있겠음이라 창세로부터 지금까지 이런 환난이 없었고 후에도 없으리라”

이 세상이 만들어진 이후 한 번도 없었던 전무후무한 후 3년 반 환난에 들어간다. 믿음 생활 잘해서 모두가 들림 받읍시다.